supergezonde koude dranken

supergezonde koude dranken

Michael van Straten

Veltman Uitgevers

Super Cool Drinks

door Michael van Straten

In 2004 verschenen in Groot-Brittannië bij
Mitchell Beazley, een imprint van
Octopus Publishing Group Limited,
2-4 Heron Quays, Londen E14 4JP.

Ontwerp: Plan B Design
Vormgeving: Yasia Williams
Fotografie: Peter Cassidy
Styling: Louise Mackaness
Redactie: Jamie Ambrose
Productie: Gilbert Francourt

Voor de Nederlandstalige uitgave
© 2005 Veltman Uitgevers, Utrecht
Omslagontwerp: Ton Wienbelt, Den Haag
Vertaling: Hennie Franssen-Seebregts
Productie: efef.com, Hilversum
Zetwerk: De ZrIJ, Utrecht

ISBN 90 5920 318 6

• De gebruikte theelepels hebben een inhoud van 5 ml, de eetlepels van 15 ml. De inhoud van Nederlandse theelepels varieert van 2-3 ml, die van eetlepels van 14-15 ml. Gebruik liefst een gestandaardiseerde lepelset die in kookwinkels te koop is.

• De lepels zijn altijd afgestreken, tenzij anders is aangegeven.

Inhoud

Inleiding

Water is altijd al een belangrijk onderdeel van natuurlijke therapieën geweest. Al sinds de Oudheid dient water zowel inwendig als uitwendig als hét middel om een goede gezondheid te verkrijgen en te behouden. De heilzame eigenschappen van vele natuurlijke bronnen en spa's zijn legendarisch, en 'kuren' zijn nog altijd een belangrijk onderdeel van de therapeutische aanpak in de Europese spa's.

Gezondheidsdeskundigen houden vol dat we dagelijks een paar liter water moeten drinken en niet al te veel koffie, thee en alcohol. Niemand twijfelt eraan dat de gezondheid grote schade wordt berokkend als er niet voldoende vloeistof wordt opgenomen – maar wie vindt het nu lekker acht of tien glazen water per dag te drinken? Gelukkig biedt dit boek u een verbazingwekkende hoeveelheid alternatieven: verkoelende dranken die niet alleen heerlijk smaken, maar ook heilzaam werken. Veel ervan zijn een goede vervanging van gewoon water en maken het drinken van de juiste hoeveelheid vocht een prettige bezigheid.

Algemeen genomen is uitdroging schadelijk. Het heeft invloed op uw uiterlijk zowel als op hoe u zich voelt. Of het nu het drogende effect van de centrale verwarming of de airconditioning is, of een lange periode van droog weer, uw lichaam lijdt als u niet voldoende vocht opneemt. Houd in gedachten dat de atmosfeer in het gemiddelde kantoor droger is dan in de Sahara en dat de meeste moderne huizen tegenwoordig tochtvrije, hermetisch afgesloten ruimten zijn met dubbele beglazing en isolatie, waardoor de kans op uitdroging aanzienlijk groter is dan twintig of dertig jaar geleden.

Dit boek zet u aan tot meer drinken waardoor u de bijverschijnselen van uitdroging kunt voorkomen. Maar er zijn ook heerlijke recepten voor dranken vol gezonde ingrediënten en natuurlijke plantaardige voedingsstoffen, die een bijzonder heilzame werking hebben. Een van de eerste organen die van ontvochting te lijden hebben is de huid; hij wordt snel droog, schilferig, geïrriteerd, jeukerig, en er ontstaan zelfs kloven en scheurtjes. Het is van vitaal belang dat ieder met huidproblemen deze van binnenuit en ook van buitenaf van heel veel vocht moet voorzien.

Constipatie, nierstenen, infecties aan de urinewegen, hoofdpijn, migraine, problemen met de bijholten, branderige ogen en een tong waarin pijnlijke kloofjes ontstaan, kunnen alle optreden als er niet genoeg wordt gedronken.

In dit boek ontdekt u dat dranken het reinigingsproces in het lichaam stimuleren door het functioneren van nieren, lever en spijsverteringsstelsel te verbeteren. Er zijn verkoelende dranken die het vochtverlies door transpireren compenseren, en de lichaamstemperatuur helpen verlagen. Een gezonde voeding bevat minstens vijf porties fruit en groenten per dag; een verse vruchten- of groentedrank telt op zijn minst voor een, maar levert bovendien enorme voordelen, dankzij de beschermende plantaardige stoffen die alleen in het rauwe product voorkomen. Deze fytonutriënten uit rood fruit, kersen en andere donkere vruchten of groenten zijn totaal anders dan die uit tabletten.

Uw immuunsysteem is slachtoffer van het leven in de eenentwintigste eeuw. Te veel stress, onvoldoende slaap, en een enorme opname van bewerkte producten die nauwelijks voedingsstoffen bevatten zorgen ervoor dat u een groter risico loopt een infectie te krijgen en door uw verzwakte immuunsysteem een makkelijk doelwit bent voor ieder rondwarend virus. Daarom is een hoofdstuk vol dranken opgenomen die de weerstand verhogen en uw natuurlijke immuniteit oppeppen. En als u de pech hebt ziek te worden, een ongeluk te krijgen, geopereerd moet worden of op uw werk of thuis een uitputtende periode doormaakt, moet uw vitaliteit worden hersteld. Al de ingrediënten die nodig zijn om er weer bovenop te komen zijn in het hoofdstuk met herstellende dranken te vinden.

We leven in een tijd waarin overgewicht epidemisch lijkt te zijn. In het afslankhoofdstuk vindt u gezonde dranken die helpen overtollig gewicht kwijt te raken en het volgen van een crashdieet overbodig maken.

Maar de magische factor waarnaar wij allen op zoek zijn is vitaliteit. Chronische vermoeidheid en lusteloosheid vormen voor velen belangrijke problemen, omdat het voortdurend moe zijn carrièremogelijkheden, persoonlijke relaties, gezondheid en geluk in de weg staat. De dranken in het eerste hoofdstuk zijn de ideale hulp bij het bestrijden van dit probleem.

Oppep

pende

Dranken

Vermoeidheid en uitputting zijn waarschijnlijk de belangrijkste redenen voor een bezoek aan de dokter, maar dit is bijna altijd een vruchteloze onderneming. Natuurlijk moet u worden onderzocht om er zeker van te zijn dat u geen schildklierafwijking of bloedarmoede hebt, of dat er geen ander onderliggend medisch probleem is. Voor de meeste mensen echter is het simpelweg een kwestie van gezonder eten. Vermijd de suikerrijke, geraffineerde producten die een snelle, maar kortstondige oppepper en een enorme toename van de insulineproductie geven, waardoor er op de duur diabetes, overgewicht en hart- en vaatziekten kunnen optreden. Probeer in plaats daarvan eens de dranken uit dit hoofdstuk die langzame en langdurige energie leveren, de kans op diabetes verlagen en bovendien uw vitaliteit een oppepper geven, waardoor uw gezondheid verbetert.

Lychees met karnemelk en honing

Als u tot nu toe alleen maar in een Chinees restaurant lychees op siroop uit blik hebt gegeten, zal deze drank een openbaring zijn. Verse lychees geven een geheel nieuwe smaaksensatie. Zij zijn heel verfijnd van smaak en bovendien een goede bron van nuttige voedingsstoffen. Door karnemelk in plaats van yoghurt of melk te gebruiken, krijgt de drank een andere textuur en een aparte smaak.

Voor 1-2 personen
10 lychees
1¼ dl karnemelk
3 afgestreken eetl. vloeibare honing
2 takjes rode aalbessen (om te garneren)

1 Pel en ontpit de lychees. Pureer het vruchtvlees in een blender glad.
2 Voeg de karnemelk en de honing toe en pureer weer.
3 Serveer de drank en hang een takje aalbessen over de rand van het glas.

gezondheidsaspecten

Lychees zijn een goede **vitamine C**-bron, maar leveren ook wat **calcium**, **kalium** en **fosfor**, die alle belangrijk als **energiebron** en voor **gezonde** botten zijn. Het eiwit en de **extra calcium** uit de karnemelk en ook het bijzonder lage **suikergehalte** zorgen ervoor dat de **insulineproductie** niet omhoogschiet, zoals bij suikerrijke energiedrankjes gebeurt; maar schenken u een doorlopende toename van uw algehele **vitaliteit**.

Guaveverrassing

Deze drank is de ideale combinatie van directe en langzaam vrijkomende energie met als extra pepmiddel guarana, een cafeïnehoudende kruiderij uit het Braziliaanse regenwoud. Of u nu midden in een belangrijke vergadering zit, achter uw computer werkt of in het weekend voetbalt of tennist, u geeft hiermee uw vitaliteit een gezonde oppepper. Alle tropische vruchten zijn rijk aan vruchtensuiker die directe energie geeft, terwijl de banaan voor wat eiwit zorgt en voor veel samengestelde koolhydraten die voor een geleidelijker vrijkomen van bruikbare energie tekenen.

Voor 1-2 personen
1 guave
1 mango
1 banaan
5 g of 1 theel. guaranapoeder (natuurwinkel)

1. Schil de guave.
2. Schil de mango en snijd het vruchtvlees van de pit.
3. Pureer beide vruchten in een sapcentrifuge.
4. Pel de banaan en pureer hem met het vruchtensap in een blender.
5. Voeg de guarana toe en schakel nog even in.
6. Koel de drank voor het serveren.

gezondheidsaspecten

Guave en **mango** zijn rijk aan bètacaroteen, **vitamine C**, natuurlijke suikers en heel veel beschermende **antioxidanten**. De **banaan** bevat veel **kalium**, dat bij voortdurende spierinspanning belangrijk is om kramp te voorkomen. Als u dus extra energie nodig hebt voor **sport** en **lichaamsbeweging** is dit de ideale drank voor u; hij helpt ook gedurende langere tijd een hoog peil van mentale energie te behouden. Door de **guarana** te gebruiken voegt u de eeuwenoude kennis van de indianen uit het regenwoud aan dit moderne vitaliserende drankje toe.

IJsthee met honing

De complexe smaken van deze bijzondere ijsthee zorgen voor een volmaakt verfrissende en oppeppende drank voor een warme zomerdag. Hij lijkt nogal bewerkelijk, maar het is in een warme periode de moeite waard een dubbele portie te maken en deze afgedekt in de koelkast te zetten, waar hij met gemak een dag of twee kan worden bewaard. De voedingsstoffen zijn hier niet zo belangrijk; maar de etherische oliën uit de specerijen zorgen voor extra vitaliteit.

Voor 4 personen
circa 6 dl water
5 zakjes Earl Greythee
4 kaneelstokjes
4 kardemompeulen
1 theel. zwarte peperkorrels
1 eetl. korianderzaad
1 eetl. vloeibare honing

1 Breng het water aan de kook.
2 Doe de theezakjes erin en laat ze tien minuten trekken, neem ze eruit.
3 Breek de kaneelstokjes in stukjes van zo'n $2^1/_2$ cm.
4 Kneus de kardemompeulen, de peperkorrels en het korianderzaad.
5 Giet de thee in een grote, vuurvaste kom, roer de specerijen erdoor en laat hem minstens vier uur trekken.
6 Zeef de thee in een pan.
7 Verwarm hem opnieuw en roer de honing erdoor.
8 Laat de thee afkoelen voor u hem schenkt.

gezondheidsaspecten

Thee is op zich een waardevolle en beschermende **antioxidant**, en die wordt nog vergroot door de toevoeging van **bergamotolie** die bij de bereiding van Earl Greythee wordt gebruikt. **Kaneel**, **kardemom** en **koriander** zijn alle **opwekkende**, weerstandverhogende en **stimulerende** specerijen, en peperkorrels werken positief op de **bloedsomloop**. Precies wat u nodig hebt om uw verslappende **geest** op een warme, vochtige en vermoeiende middag een extra pep te geven.

Ontbijtdrank

Dit is een combinatie van snel en langzaam vrijkomende energie, essentiële voedingsstoffen, eiwit en vezels die heerlijk is als ontbijtdrankje of energieleverancier voor u gaat sporten. De meeste vrouwen die ik ken menen dat pindakaas de grootste zonde is, omdat hij een dikmaker is. Maar dit is ver bezijden de waarheid. Pindakaas past in elk afslankdieet, omdat hij langzaam vrijkomende energie levert die voorkomt dat de bloedsuikers ineens sterk dalen en men grote behoefte aan zoetigheid krijgt. Bovendien beschermen de noten in de pindakaas tegen ouderdomsdiabetes, omdat pinda's heel langzaam in energieleverende suikers worden omgezet.

Voor 1-2 personen
2 handappelen
1 peer
2 bananen
1 volle eetl. gladde pindakaas
1½ dl crème fraîche
1 theel. kaneel

1. Was de appelen en de peer, snijd ze in vieren en verwijder het klokhuis.
2. Pel de bananen.
3. Pers de appelen en de peer in een sapcentrifuge uit.
4. Pureer het vruchtensap met de pindakaas, crème fraîche en bananen in een blender.
5. Serveer de drank bestoven met kaneel.

gezondheidsaspecten

Het zijn de **eiwitten** en het fyto-oestrogeen **lignine** in de **pinda's** die langzaam vrijkomende energie leveren en het **cholesterol**- en **insulineniveau** helpen **verlagen**. Voeg de banaan toe voor nog meer langzame energie, en voor veel kalium die kramp bij **lichaamsoefening** helpt voorkomen, en u hebt de basis voor deze fantastische **energiedrank**. De overige **vruchten** leveren **vitamine C** en oplosbare vezels, terwijl de **crème fraîche** voor nog meer **calcium** en **vitamine B** zorgt. Een verrukkelijk feest vol voedingsstoffen.

Kruidige smoothie

Een van de meest voorkomende oorzaken van chronische vermoeidheid is een gebrek aan zink, en omdat dit mineraal vaak maar in kleine hoeveelheden in het gemaksvoedsel waarop menigeen tegenwoordig leeft voorkomt, is de extra hoeveelheid zink uit de pompoenpitten vaak de eerste stap om zich vitaler en gezonder te voelen. Vaak wordt vitaminetekort veroorzaakt door slechte weerstand en regelmatige infecties zoals griep, keelpijn, en verkoudheden. Door regelmatig yoghurt van levende bacterieculturen te eten, krijgt het immuunsysteem een enorme oppepper.

Voor 1-2 personen
3 dl naturel yoghurt van levende bacterieculturen
1 eetl. tahini
½ theel. gemalen piment
scheutje melk (desgewenst), om te verdunnen
ijsblokjes
1 theel. pompoenzaad

1 Doe de yoghurt met de tahini en de piment in een blender of foodprocessor en laat ze tot een glad mengsel draaien.
2 Verdun met de melk tot de gewenste consistentie.
3 Giet de drank over de ijsblokjes en bestrooi met de pompoenzaden.

gezondheidsaspecten

Yoghurt van levende bacterieculturen is niet alleen een uitstekende bron van **calcium** voor sterke en gezonde botten, maar ook de beste bron voor **probiotische bacteriën**, die verantwoordelijk zijn voor de productie van essentiële **B-vitamines** die het zenuwstelsel voeden en angst, **stress** en **vermoeidheid** helpen verdrijven. Tel er de langzaam vrijkomende **calorieën** en ook nog extra calcium van de **tahini**, het **zink** uit het **pompoenzaad** en de opwekkende gaven van de piment bij op, en er ontstaat een fantastisch drankje voor extra vitaliteit.

Opkikkertje met papaja en gember

Als u graag wat vitaler wilt worden, is dit hét recept voor u. De gember versterkt de heerlijke smaak van de papaja maar geeft, mede door zijn specifiek pittige smaak een extra dimensie. Dit drankje is heel geschikt voor een luie zondagochtend, wanneer u de kranten doorneemt, en net wat u nodig hebt voor uw wekelijkse uitgebreide ontbijt. Het eiwitsplitsende enzym papaïne in de papaja bevordert de vertering van eiwitrijke voedingsmiddelen.

Voor 1-2 personen
3 papaja's
½ theel. gemberpoeder
water (om te verdunnen)

1. Schil en ontpit de papaja's.
2. Doe het vruchtvlees in een blender of foodprocessor met het gemberpoeder en pureer het glad.
3. Verdun met water tot de gewenste dikte.
4. Serveer de drank goed gekoeld.

gezondheidsaspecten

Papaja is niet alleen rijk aan **vitamine C**, maar bevat ook veel **bètacaroteen**, veel **flavonoïden**, en een verrassend grote hoeveelheid van het essentiële mineraal **magnesium**. De natuurlijke **gingerolen** en **zingiberenen** uit gember geven de bloedsomloop en uw levenskracht een enorme **oppepper.** Als extraatje is deze drank heel geschikt voor zwangere vrouwen die last hebben van ochtendmisselijkheid.

Gemberlassi

Deze pittige variant op de traditionele Indiase lassi geeft ieders afnemende levenslust direct een flinke energiestoot. De stimulerende eigenschappen van gember, de gezonde bacteriën in de yoghurt en de positieve invloed van munt op de spijsvertering werken alle samen om als er behoefte aan bestaat, uw levenskracht een welkome oppepper te geven.

Voor 1-2 personen

4 cm verse gemberwortel
2½ dl naturel yoghurt van levende bacterieculturen
circa 10 muntblaadjes (en 4 toefjes om te garneren)
gekoeld koolzuurhoudend mineraalwater, naar smaak

1. Schil en rasp de gember.
2. Doe de yoghurt met de gember en de muntblaadjes in een blender en pureer hem glad.
3. Verdun met mineraalwater tot de gewenste consistentie.
4. Giet de drank in de glazen en garneer met een toefje munt.

gezondheidsaspecten

Het versterkende effect van **zingiberenen** en de gingerolen op de **bloedsomloop** maken **gember** tot een krachtig stimulerend middel. De scherpte van deze specerij wordt wat geblust door de frisheid van de **yoghurt** die waardevolle hoeveelheden **calcium**, wat **eiwit**, **vitamine B** en de belangrijke probiotische bacteriën levert die voor het **immuunsysteem** en een gezonde spijsvertering van essentieel belang zijn. De **munt**, die het beste stimulerende middel voor de spijsvertering is, maakt dit een **verkoelende** en **herstellende** drank.

Appelsmoothie met rode biet

In heel Oost-Europa wordt rode biet al lange tijd als een traditionele levenskracht-herstellende groente beschouwd, zowel in de kruiden- als in de conventionele geneeskunst. Van oudsher wordt de kleur geassocieerd met 'gezond voor het bloed' – een opvatting die door de moderne wetenschap juist is bevonden. Samen met de levende bacterieculturen in de yoghurt, die het natuurlijk immuunsysteem een belangrijke oppepper geeft, is dit een topper onder vitaliserende dranken.

Voor 1-2 personen
3 appelen
2 middelgrote gekookte bietjes
1 $^{1}/_{4}$ dl naturel yoghurt van levende bacterieculturen

1 Steek de klokhuizen uit de appelen en snijd ze evenals de bietjes in vieren.
2 Pers ze in een sapcentrifuge uit.
3 Roer het sap door de yoghurt en serveer.

gezondheidsaspecten

Grote hoeveelheden foliumzuur verlagen het **homocystine**-niveau in het rondstromende bloed en beschermen zo tegen **hart- en vaatziekten**. **Rode biet** levert ook **ijzer**, kalium, bètacaroteen en een aantal **vitamines** die alle de vitaliteit vergroten. Het **appelsap** bevat **vitamine C** en ellageenzuur, die beide zeer positief op het immuunsysteem werken. De yoghurt zorgt voor een kwart van de dagelijks vereiste hoeveelheid **calcium** en ook de levende bacterieculturen die zo belangrijk voor een **gezonde** spijsvertering, de vorming van **B-vitamines** en een sterk immuunsysteem zijn.

Rumshot

Ik dronk voor het eerst een papajadrank met limoen en de plaatselijke rum op een bootje in het regenwoud in het Braziliaanse Amazonegebied. Jammer genoeg smaakte het als het allerlekkerste gekoelde, verse vruchtensap, en van drie glazen van deze verfrissende drank raakte ik, die zelden alcohol drinkt, geheel bedwelmd en zeker niet opgekikkerd. Van deze fout leerde ik dat heel veel ijs ervoor zorgt dat je er lang mee doet en dat het zo op een warme dag zowel verkoelend als verkwikkend werkt.

Voor 1-2 personen
3 papaja's
2 limoenen
4 eetl. witte rum
geschaafd ijs

1. Schil de papaja's, verwijder de pitten en pers het vruchtvlees in een sapcentrifuge uit.
2. Pers de limoenen uit. Roer het sap met de rum door het papajasap.
3. Serveer de drank op het ijs.

gezondheidsaspecten

Eigenlijk is dit de volmaakte drank bij een **barbecue**, waarbij vaak erg veel vlees wordt gegeten, omdat het eiwitsplitsende **enzym** papaïne de eiwitten uit vlees helpt afbreken en verteren. Tel daarbij de enorme hoeveelheid **vitamine C** uit de limoenen, alsook de **weerstandverhogende** voedingsstoffen van de **papaja** op en uw **levenskracht** krijgt een geweldige energiestoot – zolang u niet te veel rum toevoegt...

Een punch vol kracht

Hier is nog zo'n fantastische drank vol essentiële voedingsstoffen en enkele verrassend sterke natuurlijke fytochemicaliën uit koriander en spinazie. De drank is zeer geschikt voor fysiek actieve mensen omdat hij door de natuurlijke suikers in de worteltjes en de kiwi direct energie geeft. Hij is ook een goede kaliumbron – die zo belangrijk voor spierprestaties is.

Voor 1-2 personen
4 worteltjes
1 kiwi
1 handje verse koriander, met steeltjes
1 handvol fijne spinazieblaadjes

1. Was de ingrediënten. Schrap de worteltjes (tenzij ze biologisch zijn) en ontdoe ze van kop en staart. Laat de kiwi ongeschild.
2. Pers alles in een sapcentrifuge uit, op wat blaadjes koriander voor de garnering na.
3. Vermeng alles goed en serveer gegarneerd met korianderblad.

gezondheidsaspecten

Deze vitaliserende drank levert een dubbele portie **bètacaroteen** en **kalium** uit de **worteltjes** en de **kiwi**, plus extra magnesium en royaal **vitamine C**. De **spinazie** zorgt bovendien voor **carotenoïden** en een flinke **hoeveelheid** fytochemicaliën die tegen kanker helpen beschermen. **Koriander** bevat **beschermende** cumarine die positief op het hart en vaatsysteem werkt en ook de gezonde **antiseptische** etherische olie linalol.

Verko

elende

dranken

U denkt waarschijnlijk dat airconditioning de grootste luxe is, die de mens op een warme, plakkerige dag koel houdt. Jammer genoeg heeft het op deze manier koel blijven zijn prijs – de meeste kantoorpanden hebben een atmosfeer die droger is dan die van de Sahara! Dit heeft een verwoestend effect op de huid en het haar, en is ook schadelijk voor mensen met ademhalingsproblemen. De uitdroging, veroorzaakt door te weinig drinken, verhoogt ook het risico op het krijgen van nierstenen, infecties van de urinewegen en chronische constipatie. Draai daarom de airco uit, zet de ramen open, koop een ouderwetse ventilator en schenk deze heerlijke, verkoelende dranken, zodat uw vochtgehalte op peil blijft en u zich goed voelt.

Roze grapefruitpunch

Dit is een bijzondere 'ijsbreker' om bij een barbecue langzaam naar binnen te nippen, zelfs in de schaduw van een grote tuinparasol. Maar wie heeft een excuus nodig om van een of andere punch te genieten? Hij is koud, verfrissend, en, met mate gedronken, uitstekend voor de gezondheid. U zult de lekkere combinatie van Pimm's en het zoetbittere grapefruitsap heerlijk vinden. Deze drank zal u op een warme dag beslist verkoelen – en zelfs als het grijs, nat en ellendig is, wordt u er vrolijker van, omdat hij aan gladde groene gazons en zonneschijn doet denken.

Voor 6 partyminnaars
4 roze grapefruits
ijsblokjes
een halve fles Pimm's
een halve fles lekkere mousserende wijn
sodawater
1 citroen

1 Pers de grapefruits op een hand- of een elektrische pers (doe ze in geen geval in een sapcentrifuge).
2 Leg wat ijsblokjes in een grote bowlschaal.
3 Giet het grapefruitsap, de Pimm's en de wijn over de ijsblokjes.
4 Roer goed en vul aan met sodawater.
5 Snijd de citroen in dunne plakjes en garneer de punch ermee.

gezondheidsaspecten

Roze grapefruit levert grote hoeveelheden vitamine C en ook wat **bètacaroteen**. Grapefruit bevat eveneens **bioflavonoïden** die een belangrijke rol bij de bescherming van de binnenwand van **aders** en **slagaders** spelen. Hoewel rode wijn als beschermend voor het hart wordt gezien, zijn alle **alcoholhoudende dranken** goed voor **hart en bloedvaten**, zolang u er niet te veel van gebruikt. Sommige medicijnen reageren slecht op grapefruit en **grapefruitsap** dus lees de bijsluiter van de **medicijnen**, die uw arts u heeft voorgeschreven; als u het niet zeker weet, kunt u het de apotheker vragen.

Bramen Bellini

Wat kan nog verkoelender zijn dan deze heerlijke gezonde en verfrissende drank? Als u zelf bramen plukt, moet u wel goed rijpe kiezen; anders smaken ze zuur en bitter. Pluk geen wilde bramen die aan de weg groeien, omdat deze uitlaatgassen kunnen bevatten. De scherpe, zuivere smaak van munt is zeer verfrissend – en nog extra in combinatie met de bedwelmende bubbels van de champagne of mousserende wijn.

Voor 1-2 personen

225 g verse of diepvriesbramen
een halve fles goed gekoelde, middelzoete champagne of mousserende wijn
twee takjes munt

1 Ontdooi zo nodig de vruchten. Was de verse.
2 Pureer ze in een blender glad.
3 Druk het sap door een zeef om de pitjes kwijt te raken.
4 Giet de champagne of de wijn in gekoelde glazen.
5 Giet het bramensap erop en garneer met munt.

gezondheidsaspecten

Bramen zijn niet alleen een uitstekende bron van **vitamine C**, maar leveren eveneens een aanzienlijke hoeveelheid **vitamine E**, zodat deze drank ook heel gezond is. Zoals alle donkere vruchten bevatten bramen royaal **beschermende antioxidanten**, en al deze eigenschappen worden aangevuld met de hartbeschermende eigenschappen van de alcohol.

Korianderspecial

Rauwe biet is lang niet altijd makkelijk te koop, maar het is de moeite waard te proberen hem te vinden, omdat de combinatie van appel- en bietensap net zo lekker als bijzonder is. De karakteristieke smaak van bleekselderij past goed bij de overige ingrediënten, en het bitterzoete van de cranberry's vormt een prima tegenwicht tegen het zoet van de biet. Een uitstekende drank voor elk seizoen.

Voor 1-2 personen
1 limoen
1 stengel bleekselderij
half handje korianderblaadjes
1 kleine rauwe rode biet, liefst met blad
3/4 dl appelsap
3/4 dl cranberrysap

1 Pers de limoen uit en zet het sap opzij.
2 Pers de bleekselderij, koriander en rode biet in een sapcentrifuge uit.
3 Roer er het limoen-, appel- en cranberrysap door en serveer.

gezondheidsaspecten

Deze drank is buitengewoon rijk aan **vitamine C**, dankzij de limoen, cranberry en appel, en werkt zo als **oppepper voor het immuunsysteem**. **Rode biet** is lang gezien als de beste remedie voor alle soorten **problemen met het bloed**, vooral bloedarmoede, die chronische **vermoeidheid** veroorzaakt. Biet is een goede bron van bètacaroteen, de **vitamines** B_6 **en C**, foliumzuur, ijzer en kalium en werkt zeer **versterkend op het bloed**. Door de toevoeging van cranberrysap werkt de drank positief op de urinewegen waardoor hij heel geschikt is voor een ieder met steeds **terugkerende** blaasontsteking.

Verkoelende muntdrank

Voor een echt unieke smaak zou u de echte pepermunt, *Mentha piperita*, moeten gebruiken. De verschillende soorten munt zijn zo simpel in een pot in de tuin of in de vensterbank te kweken, dat u eigenlijk een sortering zou moeten aanleggen van de verschillende smaken. Marokkaanse munt, groene munt, citroenmunt of (voor iets heel speciaals) gembermunt, van al deze soorten kun je een heerlijk verkoelende drank bereiden of er gerechten mee aromatiseren.

Voor 4 personen
3 flinke takken pepermunt
6 dl kokend water
1 eetl. bruine basterdsuiker

1 Hak de pepermuntblaadjes en -steeltjes fijn, maar houd twee toefjes achter.
2 Laat de munt net als thee in het kokende water trekken.
3 Roer de suiker erdoor.
4 Laat de thee geheel afkoelen.
5 Zeef hem in een glazen kan.
6 Koel hem voor het serveren en zet een toefje munt in het glas.

gezondheidsaspecten

Alle soorten **munt** hebben **geneeskrachtige** eigenschappen, die meestal verband houden met de **menthol** die ze bevatten. De Japanners kweken munt al 4000 jaar vanwege de menthol, en in Egypte zijn in de **tombes van de farao's** restanten munt van 3000 jaar oud gevonden. Ook in de **Griekse mythologie** en in de bijbel is informatie over munt te vinden. **Etherische oliën** van munt worden nog steeds gebruikt als een van de **meest effectieve** middelen bij indigestie.

Komkommer en aardbeien frappé

Aardbeien en zonneschijn horen bij elkaar als brood en boter. Als ze met ijskoude yoghurt en verkoelende meloen worden vermengd, ontstaat deze heerlijke zomerse drank. Versgemalen peper haalt de verfijnde smaak van aardbeien naar boven – proef eerst voor u echt oordeelt.

Voor 1-2 personen
1 grote komkommer
6 grote aardbeien
circa 3 dl naturel yoghurt van levende bacterieculturen
versgemalen zwarte peper

1. Schil de komkommer en verwijder de pitten; snijd hem in blokjes.
2. Was de aardbeien en ontdoe ze van de kroontjes.
3. Doe komkommer en aardbeien met de yoghurt in een blender.
4. Pureer alles goed glad.
5. Voeg peper naar smaak toe en serveer.

gezondheidsaspecten

Bètacaroteen, vitamine C en bepaalde **fytochemicaliën** uit de **aardbeien** maken dat deze drank heilzaam werkt bij **artritis**, terwijl de calcium uit de yoghurt botten en **gewrichten** gezond helpt houden. Het is belangrijk yoghurt van **levende culturen** te kiezen, omdat alleen deze **probiotische bacteriën** bevat. Deze vriendelijke diertjes geven de vertering een extra oppepper, helpen bij de vorming van sommige **B-vitamines**, en **versterken** uw natuurlijke weerstand.

Mangolassi

Doordat lassi's uit India komen is het niet verrassend dat het verkoelende dranken zijn. Hoewel ze met gewone yoghurt kunnen worden gemaakt, wordt hier sojayoghurt gebruikt om de hormonen te reguleren en de botten te versterken. Alleen de geur en smaak van mango zijn al voldoende om tropische beelden op te roepen, maar ze eten is nog veel beter, omdat ze niet alleen heerlijk smaken maar bovendien essentiële voedingsstoffen leveren. Deze drank dient licht gekoeld te zijn, maar als hij te koud is, worden aroma en smaak minder uitgesproken.

Voor 1-2 personen
2 mango's
$2\frac{1}{4}$ dl sojayoghurt

1. Schil de mango's, snijd het vruchtvlees van de pit en snijd het in stukjes.
2. Pureer de mango met de yoghurt in een blender glad.
3. Koel de drank eventueel voor u hem drinkt.

gezondheidsaspecten

Mango's zijn een rijke bron van **beschermend bètacaroteen** en andere antioxidanten, zoals **carotenoïden** en **flavonoïden**. Ze bevatten ook veel **kalium** die het hart beschermen, en **vitamine C** voor de weerstand. De **fyto-oestrogenen** in soja zijn een deel van de reden waarom Aziatische vrouwen minder aan **borstkanker** en osteoporosis lijden en gedurende de menopauze nauwelijks **opvliegingen** kennen.

Aardbeien sundae

Dit is een verrukkelijke milkshake en, zonder de wodka, uitermate gezond voor kinderen. Hij zit vol goede voedingsstoffen en is een gemakkelijke manier om ieder die niet makkelijk kan eten door mond- of keelproblemen, of die van een operatie of een zware ziekte herstelt, gezonde voeding en calorieën te laten opnemen. Pureer de ingrediënten zo lang dat alle klontjes zijn verdwenen en de drank door een rietje kan worden opgezogen. Het is ook beter gekoelde ingrediënten te gebruiken dan de drank later te koelen, omdat melk en crème fraîche iets kunnen schiften.

Voor 1-2 personen
400 g aardbeien
half wijnglas (1/2 dl) wodka (desgewenst)
1 1/4 dl crème fraîche
3/4 dl volle melk

1 Houd 2 aardbeien apart, ontdoe de overige van de kroontjes en pureer ze in een blender met eventueel de wodka, de crème fraîche en de melk. Pureer alles volledig glad. Voeg zo nodig nog wat melk toe.
2 Serveer de drank gegarneerd met de achtergehouden aardbeien, die bijna doormidden gesneden op de rand van het glas worden gezet.

gezondheidsaspecten

De combinatie van **crème fraîche** en melk zorgt voor heel veel **calcium**, eiwitten, kalium, **B-vitamines** en een beetje **vitamine A**, en de aardbeien leveren royaal **vitamine C**, wat voedingsvezel en foliumzuur, zodat er een goed pakket van **voedingsstoffen** ontstaat. Deze drank verhoogt de weerstand en is heel gezond voor **kinderen** en **vrouwen** omdat hij **sterke botten** helpt opbouwen. U kunt in de winter **diepvriesaardbeien** gebruiken, ontdooi ze wel van tevoren. Hoewel ze iets minder vitamine C bevatten zijn ze toch heel **gezond**.

EXPRESS
PASTEURISED

Rozenwater met meloen

Hoewel rozenwater in goede kookwinkels, delicatessenzaken en apotheken verkrijgbaar is, wordt het niet zo vaak gebruikt. Maar deze schitterende planten worden door de Chinezen en werden eveneens door de Oudgriekse en Romeinse culturen al meer dan 5000 jaar als geneeskrachtig middel gebruikt. Bedenk dat alleen sterk geurende rozen lekker zullen smaken; dus pluk de blaadjes voor de bloem uiteenvalt. Net als alle meloendranken verkoelt ook deze met de uitgesproken geur en smaak van rozen heel goed.

Voor 2 personen
1 kleine meloen (elke soort is goed)
2 dl rozenwater
klein handje rozenblaadjes

1 Schil en ontpit de meloen.
2 Snijd het vruchtvlees in stukken en pureer het in een blender of foodprocessor.
3 Voeg het rozenwater toe en pureer nogmaals kort.
4 Was de rozenblaadjes en verdeel de helft ervan op de bodem van twee glazen.
5 Giet de drank erop.
6 Serveer hem bestrooid met de rest van de rozenblaadjes.

gezondheidsaspecten

Rozenblaadjes bevatten **astringerende**, reinigende en **antiseptische** tanninen evenals vluchtige **etherische oliën** die de **smaak** geven. De meeste **meloenen** bevatten niet zoveel voedingsstoffen, ofschoon in de **donkergele** en oranje soorten **bètacaroteen** en andere **carotenoïden** zitten. Hoewel elke soort meloen voor dit recept bruikbaar is, kunnen de sterker **geurende soorten** de verfijndere smaak en **geur** van het **rozenwater** en de blaadjes enigszins overvleugelen.

IJsthee

Munt en ijs lijken misschien niet zo'n volmaakt paar, maar de smaken gaan fantastisch samen, omdat ijs zo'n veelzijdig bruikbaar product is. Je kunt het zelfs met knoflook combineren. Natuurlijk hangt de smaak van deze thee geheel af van de kwaliteit van het gebruikte ijs; u zult teleurgesteld zijn als u een goedkope soort gebruikt die niet op basis van melkproducten is gemaakt. Dit is nog zoiets heerlijks dat heel geschikt is voor kinderen en veel gezonder dan een coladrankje. Probeer het ter variatie eens met chocolade-ijs – dat is lekkerder dan after-dinner mints!

Voor 2 personen
2 zakjes pepermuntthee
1 citroen
2 eetl. vloeibare honing
2 kleine scheppen biologisch vanille-ijs

1. Doe in twee grote, vuurvaste glazen een zakje thee, overgiet ze met kokend water en laat trekken. Verwijder de theezakjes.
2. Pers de citroen uit, schenk in beide glazen de helft van het sap en rasp er twee eetlepels schil af.
3. Verdeel de honing over beide glazen en roer tot hij is opgelost.
4. Laat de thee afkoelen en zet de glazen in de koelkast om koud te worden.
5. Schep vlak voor het serveren het ijs erin en bestrooi met de geraspte citroenschil.

gezondheidsaspecten

Echt roomijs is af en toe een **gezonde** traktatie, omdat het veel **calcium** en **kalium** bevat. Melkvrij ijs kan van dierlijke vetten en **gehydrogeneerde** plantaardige vetten worden gemaakt, die beide bijzonder ongezond zijn. **Melk- of roomijs** bevat per 100 gram circa 4 gram vet, en hoewel dit aanzienlijk minder is dan in worstjes en andere fabrieksvleesproducten, is het voldoende om aan te geven dat u het **niet te vaak** moet eten. De **natuurlijke oliën** van de **pepermuntthee** werken positief op de spijsvertering, dus is het een uitstekend alternatief voor een dessert.

Mmmmm...

Wat kan nog verfrissender zijn dan deze combinatie van meloen en mango, twee van de sappigste zomervruchten? Afzonderlijk hebben beide al de reputatie verzachtend en verkoelend te zijn, maar gecombineerd met de extra smaak van munt, zijn ze een heerlijk koele zomerse drank. De mango is favoriet in de Indiase ayurvedische leer, waar hij veelvuldig wordt voorgeschreven als verkoelend en koortswerend product.

Voor 2-3 personen
2 mango's
1 kanteloep meloen
2 takjes munt

1. Schil de mango's en snijd het vruchtvlees van de pitten.
2. Schil en ontpit de meloen.
3. Pers de vruchten in een sapcentrifuge uit (of pureer ze in een blender). Voeg eventueel een beetje water toe als het mengsel te droog is.
4. Serveer de drank gegarneerd met munt.

Opmerking
Als u een blender in plaats van een sapcentrifuge gebruikt, moet het fruit *heel* rijp zijn.

gezondheidsaspecten

Vanuit voedingtechnisch oogpunt gezien dient de grote hoeveelheid **bètacaroteen** in **beide vruchten** een dubbel doel. Een deel ervan wordt door het lichaam in **vitamine A** omgezet, terwijl de rest als bètacaroteen ter bescherming van de **lichaamscellen** wordt gebruikt. Alle **carotenoïden** zijn bijzonder geschikt als onderdeel van het afweersysteem van het lichaam tegen verouderen, hart- en vaatziekten en vele vormen van kanker. Maak deze **verfrissende** drank als de **vruchten** verkrijgbaar zijn volop, omdat het echt een **oppepper** voor het hele gezin is. Een zeer **gezonde** drank voor kinderen die zo vaak mogelijk moet worden gegeven.

Tinto de Verano

Stelt u zich eens voor dat u dit drankje in een gekoeld glas drinkt, zittend op het balkon van uw Spaanse vakantievilla en uitkijkend over de blauwe Middellandse Zee. Hij is verfrissend, verkoelend, licht en heerlijk. De contrasterende smaken van de Rioja en de rode vermout, samen met de zachte zoetheid van de citroenlimonade (liefst zelfgemaakt), zorgen voor een volmaakt begin van uw avond of een genot aan het eind van de dag.

Voor 1-2 personen
ijsblokjes
Rioja (of andere Spaanse rode wijn)
rode vermout
citroenlimonade
schijfjes citroen

1. Doe een handvol ijsblokjes in een hoog, smal glas.
2. Overgiet ze met rode wijn.
3. Voeg een scheutje rode vermout toe.
4. Vul het glas op met citroenlimonade.
5. Garneer met schijfjes citroen.

gezondheidsaspecten

U hebt al gezien dat er in dit recept geen maten zijn aangegeven, en er is ook niet erg veel te melden over de **voedingswaarde**, maar sommige dingen zijn er om er slechts van te genieten en dit is er één van. U kunt uw geweten sussen door aan alle **voordelen** voor hart en bloedvaten te denken die het drinken van **enkele glazen rode wijn** geeft, dus vier glazen van deze drank zullen u meer goed dan kwaad doen – als u tenminste **niet** te veel ijs gebruikt of gaat **autorijden**.

Watermeloensmoothie

Watermeloen is het summum van een verkoelende vrucht; alleen al het zien van zo'n opgestapelde berg meloenen langs de weg in Zuid-Europa is voldoende om u het water in de mond te doen lopen. Hier wordt hij gepureerd met yoghurt van levende bacterieculturen, en is zo een volmaakte verfrisser, of het nu thuis is of in een gebied waar de meloenen groeien. Leg de parten meloen voor u ze pureert minstens een halfuur in de koelkast zodat de drank goed gekoeld is.

Voor 2-3 personen

1 middelgrote watermeloen

1¼ dl naturel yoghurt van levende bacterieculturen

1. Schil de meloen en verwijder de pitten.
2. Snijd het vruchtvlees in blokjes.
3. Pureer de meloen met de yoghurt in een blender of foodprocessor.

gezondheidsaspecten

Watermeloen bevat niet zoveel basis**voedingsstoffen**, maar net als alle rode vruchten levert hij **beschermende antioxidanten** en kleine hoeveelheden waardevolle **fytochemicaliën**. De yoghurt bevat **calcium** en ook levende bacterieculturen die gunstig op de **spijsvertering** werken. Een van de belangrijkste capaciteiten van deze bacteriën is **bescherming** te geven tegen schadelijke darmbacteriën die voedselvergiftiging veroorzaken. Als u op vakantie bent in een gebied dat heet genoeg is voor de **watermeloen**teelt, is er ook altijd een kans aanwezig voedselvergiftiging te krijgen; dus dit drankje helpt op **twee manieren**; het verkoelt en beschermt.

Fruit

ige
dranken

Over de hele wereld leven bevolkingsgroepen die minder aan hart- en vaatziekten lijden, minder hersenbloedingen krijgen en een veel kleiner risico op kanker lopen, en een langere levensverwachting dan de volkeren in West-Europa hebben. Waarom? Het antwoord is ongelooflijk simpel. Al deze gezonde mensen eten aanzienlijk meer beschermende en voedzame verse vruchten dan wij. Daarom zijn de dranken in dit hoofdstuk samengesteld om een zo hoog mogelijke graad van bescherming te bieden tegen de schadelijke vrije radicalen die elke lichaamscel kunnen aanvallen. De natuurlijke plantenchemicaliën die alle zomervruchten kleur geven en de verse producten zo donker kleuren, zijn de sterkste beschermende substanties van de natuur, dus drink elke dag een van deze drankjes voor de beste gezondheidsbescherming die met geld te koop is.

Bosbessen-frambozendrank

Een portie hiervan geeft meer bescherming tegen de schade van vrije radicalen dan de meeste mensen bij de gemiddelde Amerikaanse en West-Europese manier van eten in drie dagen binnenkrijgen. De vrije radicalen vallen de individuele lichaamscellen aan, en deze gevaarlijke chemische activiteit is vaak de oorzaak van hart- en vaatziekten, gewrichtsproblemen, verminderd zicht en kanker. Hoewel het vitamine C-gehalte van beide vruchten zeker iets terugloopt als ze worden ingevroren, worden de beschermende antioxidanten niet beschadigd.

Voor 1-2 personen
200 g bosbessen
200 g frambozen
geschaafd ijs

1 Was de vruchten en ontdoe ze van de kroontjes.
2 Pureer beide in een blender glad.
3 Serveer de drank in hoge glazen op geschaafd ijs.

Opmerking
Een scheutje van een onschadelijk drankje zoals bijvoorbeeld wodka, maakt deze drank volwassener.

gezondheidsaspecten

Weer een recept dat rijk is aan **vitamine C**, maar het is belangrijker vanwege de hoge **ORAC**-score. Orac betekent Oxygen Radical Absorption Capacity: een maatgever van de graad waarin voedingsmiddelen vrije radicalen **neutraliseren** en het lichaam tegen **vroegtijdig verouderen**, hart- en vaatziekten, **kanker** en andere **degeneratieprocessen beschermen**. De optimale ORAC-score per dag is 5000, maar het gemiddelde in Europa is nauwelijks 1500. Een flink glas van deze drank zorgt voor 6000 ORACs.

Blueberry Hill

Ook deze drank heeft een hoge ORAC-score en is, dankzij de cranberry's, ook heel goed voor mensen met blaasontsteking. Voor degenen met regelmatig terugkerende urinewegininfecties, werkt hij preventief en ook therapeutisch. Net als bij alle donkere zachte fruitsoorten, zorgt het pigment in elk glas voor aanzienlijke hoeveelheden essentiële voedingsstoffen en beschermende fytonutriënten.

Voor 1-2 personen
120 g diepvriescranberry's
200 g verse of diepvriesframbozen
100 g verse bosbessen
2 dl gekoeld koolzuurhoudend mineraalwater

1. Ontdooi de diepvriesvruchten.
2. Pers de in een sapcentrifuge uit, of pureer ze in een blender of foodprocessor glad.
3. Vul op met mineraalwater naar smaak.

gezondheidsaspecten

Cranberry's bevatten een **natuurlijke** vorm van plantaardige gom die zich aan de wanden van de dunne darm en de blaas hecht en daardoor **voorkomt** dat er bacteriën groeien. Behalve grote hoeveelheden **vitamine C** en **antioxidante** fytochemicaliën, levert de drank ook **kalium** voor het hart en **carotenoïden** voor een gezonde huid en de ogen en is bovendien een stevige oppepper voor uw **immuunsysteem.**

Passievruchtenbowl

Dit is een gezonde, verfrissende en heerlijke zomerdrank die op elk moment kan worden genoten. U hebt misschien de neiging dit recept over te slaan, omdat u denkt dat al dat scheppen en zeven meer werk is dan het oplevert, maar ik beloof u dat dat niet zo is. Hij smaakt zo heerlijk dat u, zodra u hem eenmaal hebt gedronken, elke keer dat het mogelijk is passievruchten koopt. Behalve de vele gezondheid bevorderende eigenschappen hebben passievruchten een uitgesproken milde en rustige laxerende werking.

Voor 1-2 personen
6 passievruchten
1 theel. bruine basterdsuiker
3 dl mousserend druivensap

1. Schep het vruchtvlees met de pitjes uit de passievruchten en druk het door een zeef om de pitjes kwijt te raken.
2. Roer er de basterdsuiker door tot hij is opgelost.
3. Voeg het druivensap toe.
4. Koel de drank in de koelkast voor u hem serveert.

gezondheidsaspecten

Behalve **bètacaroteen** en **vitamine C** bevatten **passievruchten** veel natuurlijke fytochemicaliën die zowel **antiseptisch** als tegen angsten werken. **Druivensap** heeft antioxiderende eigenschappen, daarom is deze combinatie zeer **beschermend** en helpt tegen **voortijdig verouderen**, problemen met **hart en bloedvaten** en sommige vormen van kanker.

Bijzondere vruchtencocktail

Dit is een echt bijzonder drankje dat de huid zo glad houdt als de spreekwoordelijke babybilletjes, omdat hij rijk is aan jeugdigheid-behoudende antioxidanten. Ook geeft hij uw immuunsysteem een flinke oppepper, en als extraatje voorkomt hij constipatie. De hormoonachtige stoffen in sojayoghurt helpen ups en downs in uw hormoonhuishouding glad te strijken. Zelfs als u niet erg dol op sojaproducten bent, kunt u iets meer yoghurt aan de drank toevoegen, omdat de smaak door de vruchten wordt gemaskeerd.

Voor 1-2 personen

4 voorgeweekte gedroogde abrikozen
1 grote, rijpe perzik
2 grote sinaasappelen
2 eetl. sojayoghurt

1. Week de abrikozen (zelfs al zijn ze voorgeweekt) 30 minuten in zoveel vers gekookt water dat ze net zijn bedekt.
2. Halveer de perzik, verwijder de pit en doe het vruchtvlees in een blender.
3. Pers de sinaasappelen uit en doe het sap bij de perzik.
4. Giet de abrikozen af, doe ze in de blender en pureer alles glad.
5. Doe de yoghurt erbij en draai nog heel even.

gezondheidsaspecten

Gedroogde abrikozen zijn een uitstekende bron van **bètacaroteen**, waarvan een deel door het lichaam als **beschermende stof** wordt gebruikt, en de rest in **vitamine A** wordt omgezet. Ze leveren ook royaal voedingsvezel en zijn een goede **ijzer**bron. Ook de **perzik** levert bètacaroteen, terwijl de sinaasappelen voor tweemaal de dagelijks aanbevolen hoeveelheid **vitamine C** zorgen. Alle sojaproducten bevatten isoflavonen (hormoonachtige stoffen) en werken positief op **PMS**, opvliegingen gedurende de menopauze en als **bescherming** tegen osteoporosis.

Kersen voor extra energie

Verrukkelijke kersen: deze keer in een drank die energie geeft en goed is voor de gezondheid. Dit is een uitstekend ontbijt voor fysiek actieve mensen, een oppepper voor de geest als je naar school moet en een bron voor snel en langzaam vrijkomende energie. Ook beslist niet slecht als ondersteuning voor een avondje feesten. Om wat serieuzer te zijn: deze drank is heel geschikt als u keelpijn hebt, hoest of verkouden bent of na elke vorm van een blessure.

Voor 1-2 personen
200 g verse kersen
een halve kleine ananas
1 banaan
1 eetl. tarwekiemen
1 eetl. gemalen amandelen
1½ dl naturel yoghurt van levende bacterieculturen

1. Was en ontpit de kersen.
2. Schil de ananas, verwijder de kern en hak het vruchtvlees fijn.
3. Pel de banaan.
4. Pureer alle ingrediënten in een blender of foodprocessor glad.

gezondheidsaspecten

De **natuurlijke enzymen** in de ananas, vooral bromeline, helpen kneuzingen herstellen, **spierpijn** en gewrichtsblessures verlichten. De **eiwitten** en **essentiële vetzuren** uit de **amandelen**, de **vitamines B** en **E** uit de **tarwekiemen**, samen met de **calcium** en **kalium** uit de yoghurt en de **banaan**, maken deze drank **gezond** voor iedereen en geven sporters op elk niveau een extra **energiestoot.**

Vruchtendrank met rucola

Het zoete van de vruchten vormt in deze drank een contrast met de scherpe, peperige smaak van rucola. Beschermend, energiegevend, reinigend en herstellend, de ideale drank voor iedere herstellende patiënt, mensen met veel stress of met een lange, zware werkdag voor de boeg. U denkt wellicht dat rucola niet zo erg goed bij de zoete smaken past, en hebt misschien de neiging hem weg te laten; doe het niet, omdat rucola de andere smaken versterkt.

Voor 1-2 personen
225 g verse kersen
een halve kanteloepmeloen
250 g bosbessen
225 g blauwe, pitloze druiven
half handje rucola

1. Was en ontpit de kersen.
2. Schil de meloen en verwijder de pitten.
3. Was de bessen en de druiven.
4. Pureer alle ingrediënten in een blender of keukenmachine glad.

gezondheidsaspecten

Rucola bevat **tannines** en de **etherische oliën** saffranal en cinelle, en bovendien wat **pijnstillende** salicylaten. **Kersen** zijn rijk aan **magnesium** en **kalium** die goed zijn voor het hart, en bevatten ook royale hoeveelheden **kankerbestrijdende** fytochemicaliën. Samen met de **antioxidanten**, carotenoïden en **vitamine C** uit de **druiven** en de **bosbessen**, is dit het recept voor een lang leven zonder **ziekten.**

Mangodrank met citroen

De bedwelmende geuren die vrijkomen bij het doorsnijden van een rijpe, sappige mango roepen direct beelden op van tropische landen, maar mango is veel meer dan alleen maar smaak en geur; het is een rijke bron van huidbeschermende en weerstandverhogende voedingsstoffen. Let als u deze drank voor een groep vrienden bij een zomerse barbecue wilt maken wel op; mango behoort tot dezelfde familie als de giftige klimop, en kan huidproblemen en dermatitis veroorzaken. Draag daarom keukenhandschoenen als u meer dan twee tot drie mango's schoonmaakt.

Voor 1-2 personen

1 grote (of 2 middelgrote) rijpe mango's
1 citroen
circa 12 ijsblokjes

1. Schil de mango's en snijd het vruchtvlees van de pitten.
2. Pers het in een sapcentrifuge uit.
3. Pers de citroen uit en roer het sap door de mangopuree.
4. Hak de ijsblokjes in een blender fijn en verdeel ze over twee glazen.
5. Giet het mango-citroensap erover.

gezondheidsaspecten

Mango's zijn rijk aan bètacaroteen, dat in het menselijk lichaam in **vitamine A** kan worden omgezet, een essentiële **voedingsstof** voor de huid en het **immuunsysteem**. Bètacaroteen is ook als antioxidant heel belangrijk, net als de andere **carotenoïden** in de mango. De hartbeschermende kalium en **vitamine C** zijn een extra bonus.

Punch van zomerfruit

Hier is nog een bruisende zomerdrank die op elk tuinfeest de blitz zal maken. Er is beslist voldoende fruit verkrijgbaar om deze drank zowel gezond als lekker te maken. Koop zoveel mogelijk verschillende soorten fruit, waaronder aardbeien, frambozen, rode en zwarte bessen en bosbessen, omdat dit de rijkste bronnen van gezonde voedingsstoffen zijn.

Voor 10 personen
200 g gemengd zomerfruit
5 cm komkommer
1 citroen
1 fles rosé
1 likeurglas cognac
2 dl koolzuurhoudend mineraalwater
ijsblokjes

1. Was de vruchten, ontvel en ontpit ze zo nodig.
2. Snijd ze in plakjes of kleine blokjes.
3. Schil het stukje komkommer, snijd het overlangs doormidden en daarna in schijfjes.
4. Doe alle voorbereide ingrediënten in een grote schaal.
5. Pers de citroen uit en doe het sap in de schaal.
6. Giet er de wijn, de cognac en het mineraalwater bij.
7. Zet de bowl in de koelkast of schep er vlak voor het opdienen de ijsblokjes door.

gezondheidsaspecten

Deze drank is rijk aan **weerstandverhogende vitamine C** en levert royaal oplosbare **voedingsvezel**. De grote hoeveelheid kleurstoffen uit de **vruchten** en de unieke **beschermende** eigenschappen van het **pigment** in de **blauwe-druivenschillen** (resveratrol) maken deze drank, in bescheiden mate, een beschermer van uw gezondheid.

Een passie voor fruit

Dit sap smaakt niet alleen heerlijk; het is een echte ochtenddrank. Hij bevat voldoende voedingsstoffen om uw energie te doen ontbranden en geeft urenlange verzadiging. Vitamines, mineralen en een groot aantal beschermende fytonutriënten zijn stoffen waaraan u beslist niet denkt als u dit sap drinkt, maar ze zijn er allemaal, popelend om uw afweer te versterken, uw weefsel te voeden, en elke cel tegen mogelijke schade te beschermen. Dit kan een echte hit worden voor eenieder met artritis, verhoogde bloeddruk, slechte afweer, huidproblemen, lusteloosheid of chronische vermoeidheid.

Voor 1-2 personen
6 middelgrote aardbeien
2 kiwi's
2 passievruchten
2 perziken
1 granaatappel
175 g pitloze druiven

1. Was de aardbeien en ontdoe ze van de kroontjes.
2. Was de kiwi's, u hoeft ze niet te schillen.
3. Schep het vruchtvlees uit de passievruchten.
4. Was en ontpit de perziken – ook deze hoeven niet te worden ontveld.
5. Schep het vruchtvlees met de pitten uit de granaatappel.
6. Was de druiven.
7. Pers alle ingrediënten in een sapcentrifuge uit.
8. Vermeng alles goed en dien op.

gezondheidsaspecten

Een glas van dit **sap** levert ongeveer driemaal de aanbevolen dagelijkse hoeveelheid **vitamine C**, omdat alle vruchten deze royaal bevatten. **Bèta-caroteen** en veel andere carotenoïden zijn ook aanwezig om **uw huid**, uw ogen en uw afweersysteem te beschermen. In het bijzonder **aardbeien** bevatten **stoffen tegen artritis**, en de **kiwi's** zijn zeer goede leveranciers van **kalium** en **bioflavonoïden** die hart en bloedvaten beschermen. De **druiven** leveren niet alleen **antioxidanten**, maar zijn ook een belangrijke bron van **natuurlijke** vruchtensuikers voor directe energie.

Reinig

ende

dranken

Ons lichaam heeft het natuurlijke vermogen zichzelf van onzuiverheden en afvalstoffen te ontdoen, een proces dat in de nieren, de lever, de huid en via de transpiratie plaatsvindt. Jammer genoeg worden we tegenwoordig aan vervuiling van de atmosfeer blootgesteld, bevat onze voeding ongewenste chemicaliën, en zijn giftige stoffen in royale mate in ons huis aanwezig. Om de zaken nog erger te maken is onze consumptie van reinigende gezonde producten zoals vers fruit, groente en volkorengranen dramatisch teruggelopen. De reinigende dranken in dit hoofdstuk helpen de vitaliteit van het lichaam te stimuleren en vullen tegelijkertijd veel van de ontbrekende voedingsstoffen als gevolg van de manier van leven in de eenentwintigste eeuw aan.

Bloemendrank

Mensen stellen zich het ergste voor als het op een reinigingsdieet aankomt. Niets kan meer bezijden de waarheid zijn bij dit heerlijke mengsel van vlierbloesem en Oost-Indische kers. Vlierbloesem bevat natuurlijke reinigende stoffen zoals tannine en rutine. Ze zijn ook bijzonder rijk aan essentiële vetzuren die de natuurlijke ontstekingsremmers zijn. De peperige smaak van Oost-Indische kers is afkomstig van de mosterdolie, ook een reinigende en antiseptische natuurlijke stof; de pittigheid vormt een goed tegenwicht van het zoet van de vlierbloesem en de rozenbottelsiroop. Samen met het pittig-scherpe van gember, een van de beste reinigende stoffen, en de verfijnde smaak van de lavendelbloemetjes, is dit een fantastische verkoelende en reinigende drank.

Voor 4-5 personen

6 Oost-Indische kersbloemen
geschaafd ijs
2½ cm geschilde en geraspte verse gemberwortel
1 eetl. zuivere rozenbottelsiroop
¾ l biologisch mousserend vlierbessensap
5 g lavendelbloemetjes, van de steeltjes gewreven

1. Doe de Oost-Indische kers in een ijsblokjesbakje, vul het met water en vries het in. Als u ze zelf kweekt, kunt u een voorraadje maken, omdat ze zeker drie maanden houdbaar zijn.
2. Vul een grote glazen tumbler voor een derde met geschaafd ijs, voeg de gember en de rozenbottelsiroop toe en roer goed.
3. Giet het vlierbessensap erop en laat er een ijsblokje met Oost-Indische kers op drijven. Bestrooi met de lavendelbloemetjes.

Alternatieve methode

Doe als u een cocktailshaker hebt, alle ingrediënten behalve de lavendelbloemetjes en de ijsblokjes hierin, schud flink en giet de schuimende drank in de glazen, voeg de ijsblokjes toe en bestrooi met de lavendelbloemetjes.

gezondheidsaspecten

Deze drank is heel rijk aan **vitamine C**; een glas bevat al viermaal de aanbevolen dagelijkse hoeveelheid. De meeste vitamine C is afkomstig van de **rozenbottels**, maar ook **vlierbloesem** is een belangrijke bron. **Oost-Indische kers** is rijk aan de **etherische oliën** myrosine en spilantol die een reinigende werking hebben en bovendien het immuunsysteem versterken. De meeste mensen denken bij lavendel aan etherische olie en de **parfum**industrie, maar de bloemetjes zijn ook in allerlei dranken en andere gerechten heerlijk, en hun verfijnde smaak verdoezelt hun **krachtige therapeutische** gaven als een reinigende en beschermende kruiderij.

Komkommerdrank met munt

Komkommer bevat niet zoveel voedingsstoffen, omdat hij grotendeels uit water bestaat, maar hij is lang als reinigend product gebruikt – zowel uitwendig voor de huid als inwendig. Vooral de munt zorgt voor de reinigende werking, omdat munt een van de meest effectieve hulpen bij de spijsvertering is; vanwege zijn ontgiftende eigenschappen helpt hij ook hoofdpijn en migraine verlichten. U zult merken dat er in mijn recepten bijna nooit zout wordt gebruikt, maar in dit geval verhoogt zout de smaak en geeft het de stofwisseling een oppepper.

Voor 1-2 personen

1 grote komkommer
4 flinke takken munt
krap een theel. zeezout
geschaafd ijs
2 extra toefjes munt, voor de garnering

1 Schil de komkommer en verwijder de pitten.
2 Doe de komkommer met de munt en het zout in een blender of foodprocessor en pureer hem glad; voeg als de drank te dik is een beetje water toe.
3 Koel hem goed.
4 Schenk de komkommerdrank in glazen op geschaafd ijs en garneer met de toefjes munt.

gezondheidsaspecten

Komkommer bevat een beetje **foliumzuur**, **kalium** en **kiezelzuur** maar hij wordt hier vooral gebruikt als milde vochtdrijver en niet om de voedingsstoffen. De munt levert menthol en **menthon**, natuurlijke **fytochemicaliën** die **antiseptisch** en **reinigend** werken en ook **de spijsvertering bevorderen**. Als u **zeezout** toevoegt neemt u daardoor een klein beetje **jodium** op, dat de schildklierfunctie vergroot. Daardoor wordt dan weer de hele **stofwisseling** aangezet en de uitscheiding van schadelijke stoffen verhoogd.

Thee van verse dille

Het subtiele aroma van dille in combinatie met de zuivere, frisse smaak van komkommer geeft een zeer verfrissende koude drank. Dille werkt zowel reinigend als stemmingsverbeterend, en is een uitstekende remedie bij alle soorten spijsverteringsklachten, vooral koliek bij baby's. U kunt de blaadjes op elk visgerecht of elke groente strooien en aan marinades toevoegen. Door een paar takjes in een fles azijn te laten trekken krijgt u een heerlijke smaakmaker die positief op de spijsvertering werkt. Gebruik de resterende komkommer voor een lekkere komkommersandwich die heerlijk bij deze dillethee smaakt.

Voor 1-2 personen
6 flinke takjes dillebloemetjes
een halve komkommer

1 Houd de twee mooiste dilletoefjes achter, doe de rest in een kan met 6 dl kokend water.
2 Laat tien minuten trekken.
3 Zeef de thee, laat hem afkoelen en in de koelkast goed koud worden.
4 Schil intussen de komkommer.
5 Serveer de thee gegarneerd met de achtergehouden bloemhoofdjes en laat er een stuk komkommerschil op drijven.

gezondheidsaspecten

Dille is een bron van vele **etherische oliën** en fytochemicaliën, waarvan de belangrijkste **carvon** en **eugenol** zijn. Verrassend genoeg bevat dille ook **myristicine** dat ook in **nootmuskaat** aanwezig is, waardoor dillethee niet alleen reinigt, maar ook **positief op de stemming** werkt en **stress verlicht.** Deze thee vermindert ook **menstruatiepijnen** en helpt bij vrouwen die borstvoeding geven de **melktoevoer verhogen.**

Grootmoeders gerstewater met citroen

Gerstewater met citroen is al van oudsher een reinigend middel van de kruidengeneeskunst. Het is bijzonder effectief bij alle vormen van urinewegklachten en ook bij veel huidproblemen, vooral voor mensen met een vette huid en steeds terugkerende plekken. Alledrie de kruiden versterken de reinigende eigenschappen van deze drank, en de grote hoeveelheid voedingsvezels in de gerst betekent dat een glas van deze drank al eenderde van de aanbevolen dagelijkse hoeveelheid levert, zodat hij een goede darmreinigende werking heeft. Maar het belangrijkste is dat hij ook lekker is. Ik beloof u dat dit een favoriete drank zal worden en kinderen hem heerlijk vinden.

Voor 4 personen
125 g parelgort
55 g biologische rietsuiker
2 biologische citroenen zonder waslaag
1¼ dl water
een handvol sleutelbloemen, paardebloemen of majoraan
ijsblokjes

1 Was de gort en doe hem in een grote kan.
2 Doe de suiker in een kom. Borstel de citroenen onder heet water af en rasp de schil bij de suiker; meng goed en doe beide bij de gort.
3 Breng het water aan de kook, giet het over de gort met de suiker en de citroenschil, roer goed en laat afkoelen.
4 Pers de citroenen uit, doe het sap bij de gort, roer weer en zeef alles door een fijne zeef. Als u zelf sleutel- of paardenbloemen in de tuin hebt, of wellicht uw buren, vormen ze een bijzonder accent, koop anders majoraan bij de groenteman of gebruik zelfgekweekte.
5 Serveer de drank in een met een royale laag ijsblokjes gevuld glas; iets heel anders dan de mierzoete, synthetische dranken die in flessen en blikken te koop zijn.

gezondheidsaspecten

De natuurlijke **fytochemicaliën** in **sleutelbloemen**, **paardebloemen** en **majoraan** geven deze drank zijn echte **kracht,** hoewel het hoge **vitamine C-gehalte** ook een belangrijke reinigende factor is. Vanwege de citroenschil is de drank ook rijk aan **bioflavonoïden** die reinigend en beschermend werken. Ook zijn er de **vezels** uit de **gerst**, met kleine hoeveelheden **B-vitamines**, wat **spoorelementen** en als extraatje een beetje **eiwit**. Deze traditionele gezinsdrank is oneindig veel **gezonder** dan sappen uit blik of fles die op de markt zijn, omdat hij **geen** kunstmatige kleurstoffen, smaak- en hulpstoffen bevat.

Vers tomatensap

Als u deze reinigende drank eenmaal hebt geproefd, zult u waarschijnlijk nooit meer echt genieten van de in de winkel verkrijgbare versie. Of ze nu in blik of pak zitten, er is vrijwel altijd zout toegevoegd en de 'zoetzure' smaak van vers geperst sap ontbreekt. Het zuur uit de tomaat werkt reinigend – zelfs extra als de tomaat met bleekselderij met zijn vochtdrijvende eigenschappen en de enorme ontgiftende kracht van knoflook is gecombineerd. De worcestersaus geeft de drank pit, maar als u van echt pittig houdt, waarom dan niet een scheutje wodka toegevoegd?

Voor 1-2 personen
10 rijpe tomaten
4 stengels bleekselderij met blad
1 klein teentje knoflook
2 scheutjes worcestersaus

1. Doe de tomaten in een grote kom.
2. Overgiet ze met kokend water en laat ze staan tot u ze kunt beetpakken.
3. Ontvel de tomaten.
4. Was en hak de bleekselderij grof, houd twee takjes blad achter.
5. Pel de knoflook.
6. Pers alle ingrediënten in een sapcentrifuge uit.
7. Roer de worcestersaus erdoor.
8. Koel de drank in de koelkast.

gezondheidsaspecten

Rijpe tomaten zijn de rijkste bron van het **carotenoïd lycopeen**, dat een hoge **bescherming** tegen hartkwalen en prostaatkanker biedt. Deze drank levert ook **bètacaroteen** en veel kalium, evenals de **vitamines C** en **E**. De vochtdrijvende bleekselderij zorgt voor nog meer **kalium** en wat **vitamine C**.

Fantastische venkel

De anijsachtige smaak van venkel, gekoppeld aan het zoete van appel en peer, maakt een groot deel van de heerlijke en bijzondere smaak van deze drank uit. Appelen worden van oudsher door natuurgenezers als reinigende en ontgiftende voeding gebruikt, omdat ze giftige stoffen uit ons lichaam kunnen verwijderen. Venkel is een milde vochtdrijver en werkt bijzonder positief op de spijsvertering; ook brengt hij vrouwelijke hormonen in evenwicht.

Voor 1-2 personen
1 wortel
2 grote appelen
2 peren
1 middelgrote venkelknol

1. Was de ingrediënten.
2. Verwijder kop en staart van de wortel en schrap hem als hij niet biologisch is.
3. Snijd de appelen in vieren (het klokhuis kan blijven zitten).
4. Pers alles in een sapcentrifuge uit en vermeng alles goed. Zeef de drank indien nodig.

gezondheidsaspecten

Venkel bevat de natuurlijke fytochemicaliën anethol en fenchon. Hoewel venkel van oudsher bij koliek bij kinderen werd gebruikt, maakt het vochtdrijvende effect de groente een goede reiniger. Zowel appelen als peren zijn rijk aan oplosbare voedingsvezels die spijsvertering en darmwerking verbeteren. Appelen zijn een unieke rijke bron van ellageenzuur, een andere reinigende fytochemicalie.

Avo Go

Deze drank dankt het grootste deel van de reinigende werking aan de peer. Deze vrucht is rijk aan pectine, een oplosbare vezel die het lichaam niet alleen helpt de schadelijke cholesterol te verdrijven, maar ook de dikke darm stimuleert en constipatie helpt voorkomen. Gember heeft speciale reinigende eigenschappen doordat het het perifere zenuwstelsel stimuleert en de bloedstroom versnelt. Hierdoor worden afvalstoffen losgemaakt zodat ze naar de nieren kunnen worden vervoerd en met de urine uitgescheiden. De levende bacteriën in de yoghurt werken positief op de darmwerking.

Voor 1-2 personen

1 grote peer
1 teen knoflook
1 cm verse gemberwortel
½ dl naturel yoghurt van levende bacterieculturen
1 middelgrote, rijpe avocado
½ citroen

1. Was de peer en pers hem in een sapcentrifuge uit. Giet het sap in een blender.
2. Pel de knoflook en hak hem fijn.
3. Pel de gember en rasp de wortel fijn.
4. Doe knoflook en gember in de blender.
5. Giet de yoghurt erbij en schakel kort in.
6. Halveer en ontpit de avocado. Schep het vruchtvlees eruit en doe het in de blender.
7. Pers de halve citroen uit en doe het sap in de blender.
8. Pureer alles snel glad.

gezondheidsaspecten

Vitamine E dat door de **avocado** wordt geleverd is van essentieel belang om de **structuur** van de bloedvaten in vorm te houden. De **gingerolen** en **zingiberenen** uit de **gember** zijn de natuurlijke ingrediënten die de **bloedsomloop stimuleren**. Tel hierbij de reinigende werking van de zwavelbestanddelen uit de **knoflook** en de **grote hoeveelheid citroenzuur** uit het **citroensap** op en u hebt een smakelijke en voedzame smoothie.

Lady Windermere's fanclub

Ik kreeg dit recept van Diana, de oudste vriendin van mijn vrouw Sally. Zij is een begaafd golfer, komt uit Manchester en besteedt veel van haar vrije tijd aan reizen naar de belangrijkste golftoernooien, waar ze helpt bij het gastvrij onthalen van de wereldtop van golfspelers. Volgens Diana is deze drank favoriet bij vrouwelijke golfers en al de vrouwelijke fans in Noord-Engeland. De gember en de citroenen zijn verantwoordelijk voor het reinigende effect – en hij smaakt natuurlijk het allerlekkerst met traditioneel bereid gemberbier.

Voor 2-3 personen
3 dl gekoeld gemberbier
3 dl gekoelde citroenlimonade
2 scheutjes Angostura bitter

1 Vermeng alles en geniet ervan.

gezondheidsaspecten

Het klinkt misschien aantrekkelijk om er gin bij te doen, maar dat doet uw golfhandicap waarschijnlijk niet veel goed. De natuurlijke stoffen in gember – gingerolen en zingiberenen – stimuleren de bloedsomloop en hebben een reinigende werking, terwijl de vitamine C en het citroenzuur uit de citroenen de reinigende werking van deze smoothie nog vergroten.

Limoenlimonadesiroop

Veel kant-en-klare dranken zitten vol kunstmatige toevoegingen zoals kleuren smaakstoffen en conserveermiddelen. Om het nog erger te maken worden ze vaak aangeprezen als suikervrij, maar ze bevatten kunstmatige zoetstoffen – die beslist niet erg goed voor de gezondheid zijn. Deze heerlijke limoenlimonadesiroop is heel eenvoudig te maken en er zit minder dan een theelepel suiker in een groot glas met deze drank waardoor de heerlijke frisheid van de limoen behouden blijft. De milde reinigende werking van het citroenzuur en de vitamine C is precies wat op u op een warme zomerdag nodig hebt na een vermoeiende middag in de tuin of op de tennisbaan.

Voor circa 1¾ liter
7 limoenen
5 citroenen
450 g fijne kristalsuiker
4½ dl kokend water
25 g citroenzuur

1. Pers de limoenen en de citroenen uit.
2. Meng de sappen met de overige ingrediënten.
3. Roer tot de suiker volledig is opgelost.
4. Giet het sap in goed afsluitbare glazen flessen.
5. Doe in elk glas circa 2 eetlepels siroop en vul op met water.
6. Deze siroop blijft in de koelkast enkele weken goed en kan worden ingevroren.

gezondheidsaspecten

Citroenen en limoenen zijn beide rijk aan **bioflavonoïden** die de bloedsomloop **beschermen**. Ze bevatten ook **kalium, vitamine C** en de etherische olie **limoneen**. Deze combinatie stimuleert de nieren, verhoogt de hoeveelheid urine en heeft een mild **reinigende werking**.

Soja met saffraan

Hier is een smoothie met een hoge voedingswaarde. Dit mengsel bevat heel veel eiwitten, mineralen, plantaardige hormonen en bovendien de honing die positief op de spijsvertering werkt. De saffraan geeft de drank een prachtige kleur, maar werkt ook stemmingsverbeterend en geeft de spijsvertering extra energie. In heel Azië nemen de vrouwen dagelijks een hoeveelheid soja-eiwit op en men neemt aan dat dit onderdeel van hun voeding hen tegen hart- en vaatziekten, osteoporose, opvliegingen en andere onplezierige symptomen van de menopauze beschermt.

Voor 1-2 personen
4½ dl sojamelk
2 volle eetl. vloeibare honing
1 flinke snuf saffraan
1 eetl. gemalen amandelen
1 theel. geschaafde amandelen

1. Doe de eerste vier ingrediënten in een blender.
2. Pureer ze glad.
3. Serveer de drank bestrooid met de geschaafde amandelen.

gezondheidsaspecten

Saffraan bevat de natuurlijke stoffen **saffranal, cinelle** en **crocine** en is erom bekend dat hij antidepressieve en **stemmingsverbeterende** eigenschappen heeft. Zijn belangrijkste **reinigende** stof helpt **menstruatie** te verlichten en voorkomt daarmee dat er afvalstoffen worden opgebouwd. De **fyto-oestrogenen** in **sojamelk** hebben een mild hormonaal effect dat vooral voor vrouwen heilzaam is. Hoewel **soja-extract** nu in tabletvorm verkrijgbaar is, is het veel beter deze stoffen uit voeding op te nemen dan uit pillen. Net als alle noten zijn **amandelen** een rijke bron van **vitamine E**, essentiële vetzuren en **mineralen.**

Popeye's geheim

Popeye's geloof dat spinazie een belangrijke bron van spieropbouwend ijzer is, is jammer genoeg, niet waar. Spinazie bevat heel veel ijzer, maar het lichaam kan er nauwelijks iets van opnemen als gevolg van de grote hoeveelheid oxaalzuur die ook hierin voorkomt. Maar deze groente *is* wel een zeer rijke bron van andere voedingsstoffen die vooral goed zijn voor de ogen. Hier is spinazie met de vochtdrijvende peterselie, reinigende meloen, en antibacteriële salie gecombineerd waardoor een reinigende en gezonde drank ontstaat.

Voor 1-2 personen
1 honingmeloen
1 handvol kleine spinazieblaadjes
4 salieblaadjes
2 takjes bladpeterselie

1 Schil en ontpit de meloen en snijd het vruchtvlees in blokjes.
2 Was de spinazie, salie en peterselie.
3 Doe de meloen met spinazie en salie in een blender en pureer alles glad.
4 Pluk de peterselieblaadjes van de takjes, hak ze fijn en strooi ze over de drank.

gezondheidsaspecten

Meloen levert **foliumzuur, kalium** en een beetje **vitamine A, C** en **B**, maar staat in de kruidengeneeskunst vooral bekend als **reinigend fruit**. De kankerbestrijdende fytochemicaliën, grote hoeveelheden foliumzuur en de **ogenbeschermende carotenoïden luteïne** en **zeaxanthine** komen alle uit de **spinazie,** terwijl **salie** plantaardige hormonen en de sterk **antiseptische thujone** levert.

Pruimen-abrikozensmoothie

Gedroogde pruimen worden wel eens spottend 'de kleine zwart-geklede arbeiders van de natuur' genoemd, maar hebben dankzij hun laxerende effect een grote reinigende werking. Er is echter nog veel meer; ze bevatten per honderd gram meer beschermende voedingsstoffen dan andere vruchten. Door regelmatig gedroogde pruimen te eten bent u behoed voor voortijdig verouderen, hart- en vaatziekten, veel soorten kanker en zelfs rimpels. Tel er de voedingsstoffen en de vezels uit de abrikozen bij op en u hebt een zeer sterk reinigende drank.

Voor 1-2 personen
6 verse abrikozen
2½ dl gedroogde-pruimensap

1 Was en ontpit de abrikozen.
2 Doe ze met het pruimensap in een blender of een foodprocessor en pureer de drank glad.

gezondheidsaspecten

Net als alle gedroogde vruchten bevatten gedroogde pruimen een hoger gehalte aan voedingsstoffen dan verse, doordat al het vocht eruit is verdampt. Gedroogde-pruimensap is rijk aan bètacaroteen, ijzer, B-vitamines en kalium. De verse abrikozen zorgen voor oplosbare voedingsvezel, wat ijzer en veel bètacaroteen. De manier waarop deze twee ingrediënten de darmfunctie stimuleren en de spijsvertering versterken is de oorzaak van de reinigende werking van deze heerlijke smoothie.

Aspergeverrassing

Deze drank is reinigend maar heeft ook alle gevoelswaarden van asperges als afrodisiacum, een van de belangrijkste met seks geassocieerde ingrediënten in Europa. Radijsjes hebben een bijzonder effect op de lever en verbeteren zijn werkzaamheid. De bleekselderij is een krachtige vochtdrijver en de knoflook en sjalot zijn twee van de belangrijkste reinigende en ontslakkende ingrediënten die er zijn. En dan is er nog de toegift van de rucola, die een milde slijmoplosser is en de drank nog een extra reinigende werking geeft.

Voor 1-2 personen

4 verse groene asperges
3 worteltjes
3 radijsjes, liefst met blad
2 stengels bleekselderij, liefst met blad
1 kleine, verse rauwe biet, met blad
1 handvol rucola
1 teentje knoflook
1 kleine sjalot

1. Verwijder eventueel houtige delen van de asperges.
2. Schrap de worteltjes, tenzij ze biologisch zijn; dan hoeven alleen kop en staart eraf.
3. Was alle groenten, pel de knoflook en de sjalot.
4. Pers alle ingrediënten, op wat selderijblad voor de garnering na, in een sapcentrifuge uit.
5. Roer alle sappen door elkaar en serveer de drank gegarneerd met wat achtergehouden bleekselderijblad.

gezondheidsaspecten

Dit lijkt misschien wel een vreemde combinatie, maar de drank heeft een frisse, **pittige smaak** en bevat veel **bètacaroteen**, etherische oliën en tannine uit de rucola alsook foliumzuur, kalium en asparagine van de asperges. De radijsjes leveren natuurlijke **fytochemicaliën** die de galblaas stimuleren meer gal aan te maken. Bovendien bevat deze drank een overvloed aan vitamine C.

Slankm

akende

dranken

Iedereen kan gewicht verliezen door zijn of haar mond dicht te houden. Als u niet eet, wordt u slank – maar u wordt dan ook ziek, dat is de reden dat drastische diëten niet werken. Als u uw voedselopname zo verlaagt dat u snel gewicht verliest, zult u al snel een tekort aan essentiële voedingsstoffen krijgen. U wordt moe, snel geïrriteerd, vergeetachtig, en langzamerhand gaat het u tegenstaan. U krijgt een eetbui en zo komt al het verloren gewicht en zelfs meer er weer bij. Het slechtste dieet is het soort dat hele productgroepen uitsluit. De oplossing is minder te eten, meer te bewegen en producten te kiezen die uw spijsvertering activeren.

Watermeloenverkoeler met kokos

Nog een sap vol voedingsstoffen waaraan u misschien wel een tekort hebt omdat u een streng afslankdieet volgt. Kokosmelk heeft unieke smaken en aroma's en roept direct beelden op van blauwe luchten, diepblauwe zeeën, en palmbomen. Alleen al de aanblik van een schijf watermeloen is voldoende om aan de zomer te denken. Voeg ook gember toe om de smaak van tropische specerijeneilanden te vervolmaken.

Voor 2-4 personen
1 kg watermeloen
1½ dl kokosmelk
2 snufjes gemberpoeder

1 Schil en ontpit de meloen en snijd het vruchtvlees in blokjes.
2 Doe het met de kokosmelk in een blender.
3 Pureer alles glad.
4 Serveer de drank bestrooid met een snufje gemberpoeder.

gezondheidsaspecten

Hoewel **watermeloen** niet zo'n geweldige **voedingswaarde** heeft, is het een verkoelend product dat **kalium**, **foliumzuur** en kleine beetjes **vitamines** bevat. **Kokosmelk** echter levert **calcium**, **magnesium** en **kalium** – alledrie essentiële **mineralen**. De **gember** stimuleert de **bloedsomloop.** Deze drank geeft uw **stofwisseling** een flinke **oppepper** en versnelt het afvallen.

Broccoliverrassing

Iedereen weet wel hoe gezond broccoli is, maar in deze drank wordt hij gemixt met de natuurlijke suikers van appel en peer en de scherpe, pittige smaak van waterkers, zodat het een goede vervanging is voor een lunch en een gezonde oppepper voor een afvaldieet. U voelt zich al beter als u de mooie donkergroene kleur van deze verrassend lekkere drank ziet, en ik weet zeker dat u hem in uw sappenrepertoire zult opnemen – zelfs als u geen gewicht kwijt hoeft.

Voor 1-2 personen
175 g broccolistengels
1 appel, liefst Cox orange pippin, van het klokhuis ontdaan
1 Comice peer, van het klokhuis ontdaan
140 g waterkers

1 Was alle ingrediënten en pers ze in een sapcentrifuge uit.
2 Koel de drank voor het serveren.

gezondheidsaspecten

Broccoli is een van de belangrijkste bronnen van kankerbestrijdende fytochemicaliën. De groente is ook rijk aan foliumzuur, ijzer, kalium, vitamine B_2 en de vitamines A en C. Waterkers heeft een sterke antibacteriële werking door de mosterdoliën en het bètacaroteen. Het is een absolute must voor rokers, omdat het een specifieke chemische stof bevat, fenetyl isothiocyanaat die tegen longkanker beschermt.

Gezonde zonnige verrukking

Citrussappen zijn altijd als een essentieel onderdeel van een afvaldieet beschouwd. Hier is een snelle, eenvoudige shake die u twee- tot driemaal per dag kunt drinken als u een of ander dieet volgt. Hij bevat geen dierlijk vet, maar levert de energie van sojamelk en de directe oppepper van de vruchtensuikers in sinaasappel en grapefruit, u zult merken dat deze drank helpt. Zelfs voor degenen die niet erg dol zijn op sojamelk, smaakt deze echt heerlijk – ik kan werkelijk niet begrijpen dat iemand in plaats van deze gezonde drank een drankje vol chemische stoffen, kleurstoffen, kunstmatige zoetstoffen en conserveermiddelen zou willen.

Voor 1-2 personen
1 grapefruit
1 sinaasappel
3 dl sojamelk

1. Pers de grapefruit en de sinaasappel uit.
2. Roer het sap door de sojamelk en serveer.

gezondheidsaspecten
De grote hoeveelheid **vitamine C** en **bioflavonoïden** uit het **fruit** maakt dit de ideale drank om uw natuurlijke afweer te **versterken** en u te **beschermen** tegen **kou, verkoudheid** en **griep**. Dit is vooral **belangrijk** als u minder eet en daardoor minder voedingsstoffen opneemt. **Sojamelk** levert **eiwit** (en ook **extra calcium** als u de versterkte versie kiest), samen met heel veel **natuurlijke** plantenhormonen die zo belangrijk zijn omdat ze tegen **osteoporose** en vele vormen van hormoon-gerelateerde kankersoorten beschermen.

Pittige aardbeien

De eerste keer dat ik mijn vrouw zwarte peper over de aardbeien zag malen dacht ik dat ze gek was geworden. Maar toen ik het resultaat van dit traditionele mediterrane culinaire kunstje had geproefd, begreep ik waarom mensen dit doen. De peper haalt op een of andere manier het beste uit de aardbeien naar boven en maakt ze nog lekkerder. Door die smaak met die van de verrukkelijke rijpe meloen te combineren, wordt het een gedenkwaardige drank. Doordat u de hele vruchten gebruikt wordt de drank voedzaam en substantieel.

Voor 1-2 personen
1 kanteloepmeloen
250 g aardbeien
koolzuurvrij mineraalwater
versgemalen zwarte peper

1 Schil en ontpit de meloen.
2 Ontdoe de aardbeien van de kroontjes.
3 Pureer beide glad in een blender.
4 Verdun de drank met het water tot de gewenste dikte.
5 Draai boven elk glas een paar maal met de pepermolen.

gezondheidsaspecten

Meloen is een goede bron van foliumzuur, kalium, en vitamines. De **aardbeien** leveren niet alleen een royale hoeveelheid **bètacaroteen**, maar **verlichten** ook de pijn bij artritis; in tegenstelling tot de heersende mening dat fruitzuren slecht zijn voor mensen met gewrichtsklachten, zijn ze echt **heilzaam**. Deze drank is een goede bron van **vezels** en snel vrijkomende **energie**, dankzij de **natuurlijke fruitsuikers** die in beide vruchten in ruime mate aanwezig zijn.

Pep me op

Hier is nog zo'n apart en gezond sapje. Het is bijzonder rijk aan vitamine C, het zoet van de appelen in combinatie met de pittigheid van de waterkers maakt het bijzonder goed voor de spijsvertering. De meeste lijners voelen zich van tijd tot tijd een beetje terneergeslagen; maar de piment in deze drank maakt dat hij ook de stemming verbetert. Het is moeilijk voorstelbaar hoe hij smaakt als u hem nog niet hebt geproefd; hoewel het niet zo klinkt, zijn de smaken geweldig.

Voor 1-2 personen
1 oranje paprika
1 zak waterkers van circa 140 g
3 appelen, liefst Cox orange pippin
2 snufjes gemalen piment

1. Was en halveer de paprika en verwijder de zaadlijsten en de zaadjes.
2. Was de waterkers en pluk de blaadjes van de steeltjes.
3. Was de appelen, snijd ze in vieren en verwijder de klokhuizen.
4. Pers de voorbereide ingrediënten in een sapcentrifuge uit.
5. Serveer de drank bestrooid met piment.

gezondheidsaspecten

Grote hoeveelheden vitamine C en bètacaroteen zorgen ervoor dat dit sap uw natuurlijke **afweer** een flinke oppepper geeft. Dit is zo belangrijk omdat veel mensen die een **afslankdieet** volgen merken dat ze veel gevoeliger voor elk rondwarend virus zijn. Zodra ze ziek worden hebben ze een fantastische smoes om met het dieet te stoppen. Door deze drank regelmatig te consumeren bent u tegen **infecties beschermd** – en is er geen excuus met lijnen te stoppen.

Kiwi met een kick

Wat een ten onrechte miskend fruit is de kiwi toch: hij wordt vaak slechts als garnering gezien. Maar de kiwi ziet er niet alleen leuk uit en smaakt lekker, hij is ook buitengewoon gezond en voedzaam dankzij het hoge vitaminegehalte. Wortelsap is van oudsher onderdeel van een natuurlijke vastenkuur, en sommige mensen geven op een gezondheidsinstituut heel veel geld uit om er een glas van te drinken. Dat kunt u thuis net zo goed doen – en het geld dat u ermee bespaart aan een heerlijke vakantie besteden als u voldoende gewicht kwijt bent om u op het strand te vertonen.

Voor 1-2 personen
2 worteltjes
4 kiwi's
een half handje korianderblad

1 Schrap de worteltjes tenzij ze biologisch zijn en verwijder kop en staart.
2 Was de ingrediënten en pers ze in een sapcentrifuge uit.
8 Roer goed en koel de drank voor het serveren.

gezondheidsaspecten

Bij eenzelfde gewicht levert een **kiwi anderhalf maal zoveel vitamine C** als een **sinaasappel,** dus een glas sap is al voldoende voor tweemaal de aanbevolen dagelijkse hoeveelheid. Ook geeft de drank wat **vitamine E** en royaal **bètacaroteen** door de combinatie van **kiwi** en **wortel**. De **koriander** werkt positief op de uitscheidingsprocessen en is ook heel **goed** voor het hart en de **bloedsomloop**, vanwege het hoge gehalte aan cumarine.

Rozemarijnfeest

Citroen is een van de traditionele ingrediënten in kuren voor vasten en ontslakken. Het sap werkt reinigend en licht vochtdrijvend, en dit bijzondere recept voor citroenlimonade is voldoende voor vier glazen heerlijk en reinigend sap. Het is aanzienlijk gezonder dan elke commerciële afslankdrank en de rozemarijn erin werkt stemmingsverhogend en verbetert bovendien het geheugen. Als u geen rozemarijnstruik in de tuin hebt, is dit de tijd om er een te planten, al is het maar in een pot bij de voordeur, waar de plant het hele jaar door blijft groeien.

Voor 1-2 personen
3 citroenen
1 eetl. bruine suiker
3 takken rozemarijn
4 dl gewoon kraanwater
8½ dl koolzuurhoudend mineraalwater

1. Was de citroenen, rasp de schil eraf en doe deze in een steelpan met de suiker, de rozemarijn en het kraanwater.
2. Breng alles langzaam aan de kook, laat het tien minuten trekken en daarna iets afkoelen.
3. Pers de citroen uit en roer het citroensap door de suikersiroop.
4. Laat afkoelen.
5. Zeef de citroensiroop en roer er vlak voor het serveren het mineraalwater door.

gezondheidsaspecten

De meeste **vitamine C** uit het **citroensap** blijft in deze drank behouden, omdat het sap pas na het koken wordt toegevoegd. Het levert ook **bioflavonoïden** uit de schil, alsook de intrigerende smaak van **rozemarijn** vermengd met de **scherpe** smaak van **citroen**. Het is heel belangrijk tijdens het **afvallen** veel te **drinken**, en op deze manier krijgt u elke dag beslist voldoende vocht binnen. **Rozemarijn** bevat **etherische oliën** en **flavonoïden** die een directe **positieve** werking op de hersenen hebben.

pint
1 3/4
28
24
1 1/2
20
1 1/4
16
1
12
3/4
8
1/2
4
1/4

Spappelsap

Vrijwel iedereen houdt van appelsap, en ik meen dat eenieder zich de combinatie met paprika wel kan voorstellen. Maar met *spinazie*? Ik kan me indenken dat u daarvoor uw neus ophaalt, maar probeer het eerst. Dit is een goede afslankdrank, omdat hij veel essentiële voedingsstoffen, totaal geen vet en weinig calorieën levert. Vergeet de nootmuskaat niet – die zorgt ervoor dat u vrede met de wereld hebt als u aan het afslanken bent.

Voor 1-2 personen
1 kleine rode paprika
3 appelen, liefst Cox orange pippin
140 g kleine spinazieblaadjes
2 snufjes nootmuskaat

1. Was de eerste drie ingrediënten.
2. Ontdoe de paprika van de zaadlijsten en de zaadjes.
3. Snijd de appelen in vieren en verwijder de klokhuizen.
4. Pers dit alles in een sapcentrifuge uit.
5. Serveer de drank bestrooid met een snufje nootmuskaat.

gezondheidsaspecten

Vitamine C, bètacaroteen, foliumzuur en **ijzer** zijn hier alle in overvloed aanwezig dankzij de **rode paprika, appelen** en **spinazie**. Maar er is nog een extraatje, omdat spinazie een goede bron is van twee **essentiële carotenoïden** die vooral beschermend voor de ogen werken. Van **luteïne** en **zeaxanthine** is bekend dat ze de ogen bescherming bieden tegen degeneratie van de gele vlek; bij ouderen de meest voorkomende oorzaak van teruglopend gezichtsvermogen. **Nootmuskaat** bevat een natuurlijke chemische stof **myristicine** die zowel stemmingsverbeterend werkt als een milde **hallucinogeen** is.

Abrikozen en passievruchten royale

Deze voedzame en vullende drank is een goed begin van de dag als onderdeel van elk afslankdieet. Er is niets erger dan de verschrikkelijke behoefte aan suiker die halverwege de ochtend ontstaat en die maakt dat je naar de koektrommel grijpt, terwijl je wanhopig probeert een paar pondjes kwijt te raken. Neem deze drank bij het ontbijt want hij levert zowel directe als langzaam vrijkomende energie die u de ochtend tot aan een gezonde lunch doorhelpt.

Voor 2-3 personen
2 passievruchten
8 abrikozen
4 dl sojamelk

1. Schep het vruchtvlees uit de passievruchten en druk het door een zeef om de pitjes kwijt te raken, maar houd er een paar achter.
2. Ontvel en ontpit de abrikozen.
3. Doe de vruchten met de sojamelk in een blender.
4. Pureer alles glad.
5. Serveer de drank bestrooid met de bewaarde pitjes.

gezondheidsaspecten

Het gevaar van elk streng afslankdieet is dat u net zo gemakkelijk een tekort aan **voedingsstoffen** als aan calorieën kunt krijgen. Deze drank zorgt voor royaal **vitamine C** van de verse **abrikozen** en de **passievruchten**, en bovendien leveren ze het beschermende **bètacaroteen** en andere **carotenoïden**. Ook neemt u **mineralen** op en door de sojamelk eveneens **natuurlijke** plantenhormonen die vooral nuttig zijn voor vrouwelijke **lijners**. Ze helpen uw hormonale **metabolisme** in evenwicht te houden en te regelen, en beheersen de **ups** en **downs** van het gewicht in combinatie met zowel de menstruatiecyclus als de menopauze.

Verrassende tomatendrank

Dit is tomatensap op een andere manier. Het is een combinatie van de klassieke mediterrane smaken van tomaat en basilicum met het frisscherpe van citroensap, het zoete van wortel en de uitgesproken smaak van bleekselderij. Het is een echte wakkermaker en een bijzonder alternatief voor de gebruikelijke vruchtensappen bij het ontbijt. De drank is niet alleen verfrissend en reinigend, maar ook een enorm rijke bron van een hele reeks voedingsstoffen.

Voor 1-2 personen
1 wortel
4 grote, rijpe pomodoritomaten
1 stengel bleekselderij met blad
1 handje basilicum
sap van 1 citroen
versgemalen zwarte peper

1. Was de eerste vier ingrediënten.
2. Schrap de wortel als hij niet biologisch is en verwijder top en staart.
3. Pers ze in een sapcentrifuge uit.
4. Roer ze goed door elkaar en voeg het citroensap toe.
5. Serveer de drank bestrooid met wat versgemalen peper.

gezondheidsaspecten

Behalve het bekende **bètacaroteen** in de **tomaten** en de **wortel**, levert deze drank grote hoeveelheden **kalium**, veel **vitamine C** en **E**, **foliumzuur** en **magnesium**. Vier rijpe tomaten zorgen ook voor een flinke portie **lycopeen**, een van de belangrijkste beschermers tegen **prostaatkanker** en **hart- en vaatziekten**. **Bleekselderij** is een milde **vochtdrijver** en helpt een teveel aan vocht af te voeren, terwijl **basilicum** een van de beste kalmerende en **stemmingsverhogende** culinaire kruiden is.

Herstel

lende dranken

Velen onder ons liggen van tijd tot tijd ziek in bed. Meestal door iets simpels dat snel voorbij is, maar soms is het een langdurige kwestie. Verrassend genoeg zijn er mensen die maanden nodig hebben om geheel van een eenvoudige kou te genezen, terwijl andere na een operatieve ingreep al na enkele weken weer geheel de oude zijn. Het antwoord is weer te vinden in Pandora's voedingsdoos. Til het deksel eraf en als u instantmaaltijden, gemaksvoeding, afhaalmaaltijden, geraffineerde koolhydraten en heel veel kunstmatige hulpstoffen vindt, dan weet u al dat de eigenaar van deze doos het zwaarst zal lijden. Als u grote hoeveelheden fruit en groenten ziet, volkorengraanproducten, vis en andere goede eiwitten, veel peulvruchten en op soja gebaseerde producten is die van degene die het snelst herstelt.

Sublieme espresso

IJs is gemakkelijk te eten en zolang het goed roomijs is zonder chemicaliën en synthetische vetten, is het ook een geschikte voeding voor zieken. De koffiesmaak en de kleine hoeveelheid Drambuie erin verandert deze drank van een kindertraktatie in een geraffineerd medicinaal product voor volwassenen. Gebruik voor kinderen biologische donkere cacao en een beetje echte vanille-essence.

Voor 1-2 personen
3 dl koude, sterke, zwarte koffie, liefst espresso
¾ dl volle melk
3 eetl. Drambuie
2 bollen vanille-ijs van een goede kwaliteit, liefst biologisch

1. Roer de koffie, de melk en de Drambuie door elkaar.
2. Giet de drank in glazen en leg er een bol vanille-ijs in.

gezondheidsaspecten

Ja, deze drank bevat cafeïne, maar als u niet tot het kleine groepje mensen behoort dat bijzonder gevoelig voor deze chemische stof is, kan hij juist een flinke oppepper geven als u zich na een ziekte slapjes voelt. Biologisch vanille-ijs is een uitstekende bron van calorieën, calcium, de vitamines A en D en kleine hoeveelheden B – die alle op een bijzonder aangename manier helpen snel weer een goede gezondheid te krijgen.

Amandelmelk met frambozen

Dit is een fantastische remedie voor een zieke. Vijftig jaar geleden stond nog in elk kookboek een hoofdstuk voor herstellenden, maar dat is nu niet meer zo. Net als alle noten en zaden bevatten amandelen veel bouwstoffen. Melk is licht verteerbaar en wordt door de meeste mensen ook lekker gevonden, zodat het dus een simpele manier is om nieuwe lichaamskracht op te bouwen. Vergeet ook alle beschermende antioxidanten en de hoge ORAC-score van de frambozen niet, want dan is het een krachtige herstellende drank.

Voor 1-2 personen
25 g gemalen amandelen
4 dl halfvolle melk
10 frambozen

1. Was de gemalen amandelen in een zeef.
2. Laat ze goed uitlekken.
3. Doe ze in een kan en roer de melk erdoorheen.
4. Bestrooi de drank met de frambozen.

gezondheidsaspecten

Noten en **zaden** bevatten alle **voedingsstoffen** die nodig zijn om een nieuwe generatie planten te vormen. **Amandelen** vormen hierop geen uitzondering en leveren goed opneembare **eiwitten**, **B-vitamines, zink** en **heilzame essentiële vetzuren**. De **melk** bevat gemakkelijk opneembare calorieën voor het herstel van de energie, terwijl de **frambozen** rijk zijn aan **vitamine C** en beschermende **fytochemicaliën**.

Bosbessenfool

Wie vond ooit een kwarktaart in een boek vol gezonde voeding? Dit recept is eigenlijk een kwarktaart zonder de bodem. De fantastische bescherming die iedere cel in uw lichaam van bosbessen krijgt, de bouwstoffen calcium en eiwitten die de melk levert, vitamines A en D en een beetje B, en nog meer calcium uit de ricotta maakt van dit lekkere en eenvoudige recept een krachtige heilzame drank.

Voor 1-2 personen
275 g bosbessen
120 g ricotta
circa 1¼ dl halfvolle melk

1. Was de bosbessen en doe ze met de ricotta in een blender of foodprocessor.
2. Pureer alles glad.
3. Verdun de drank met de melk tot de gewenste consistentie.

gezondheidsaspecten

Met hun extreem hoge ORAC-score voor **antioxidanten**, zijn **bosbessen** een van de meest **beschermende** en **herstellende** van alle levensmiddelen. Met een grote hoeveelheid **calcium** die nodig is voor het herstel en de opbouw van de botten van ieder die een paar weken in bed heeft doorgebracht, de **goed-opneembare voedingsstoffen** en het lage vetgehalte van de halfvolle **melk**, is dit een **gezonde** en ideale traktatie voor volwassenen en kinderen van elke leeftijd.

Pruimendrank

U kunt genieten van de complexe smaken van dit recept als een dikke drank of als een echte dikke smoothie, afhankelijk van uw smaak. Maar hoe u hem ook drinkt, de gedroogde pruimen, appelen en druiven zullen de herstellende kracht van uw lichaam flink verhogen. Door de mascarpone wordt hij vrij stevig en een waardevolle bron van opbouwende voedingsstoffen voor eenieder die zich niet lekker voelt.

Voor 1-2 personen
10 ontpitte, voorgeweekte gedroogde pruimen
1 grote handappel
250 g witte pitloze druiven
125 g mascarpone
koolzuurvrij mineraalwater

1. Doe de pruimen in een schaal, overgiet ze met vers gekookt water en laat ze 30 minuten weken.
2. Was intussen de appel en de druiven. Snijd de appel in vieren en verwijder de klokhuizen. Houd enkele druiven achter voor de garnering en pers de appel en de overige druiven in een sapcentrifuge uit.
3. Doe het sap in een blender.
4. Giet de pruimen af en doe ze bij het sap.
5. Pureer alles glad.
6. Voeg de mascarpone toe en pureer weer.
7. Voeg als u de drank te dik vindt mineraalwater tot de gewenste consistentie toe.
8. Serveer gegarneerd met druiven.

gezondheidsaspecten

Gedroogde pruimen hebben de hoogste **ORAC-score**. Alleen al de **gedroogde pruimen** in dit recept leveren meer dan 5000 van deze **beschermende** aantallen **antioxidanten** die een optimale hoeveelheid voor een dag zijn. De natuurlijke **suikers** uit de **druiven** en de **cholesterolverlagende pectines** uit het **appelsap** verhogen de voedingswaarde van elk glas. Tel daarbij nog de **calcium, zink** en **eiwitten** uit de **mascarpone** en deze drank is echt geschikt voor elke herstellende.

Ananasdrank met koriander

Hier volgt nog zo'n heerlijke en herstellende zomerdrank, maar hij werkt ook heel positief op de spijsvertering na een zware maaltijd, zoals we die vaak op eerste en tweede kerstdag gebruiken. Als de ananas rijp is, is de smaak heerlijk zoet, maar hij wordt iets afgezwakt door de scherpe smaak van de koriander. Koriander en ananas zijn beide bekend om hun herstellende kwaliteiten, maar ananas zorgt er bovendien nog voor dat kneuzingen zich herstellen en de spijsvertering verbetert. Deze drank is ook geschikt voor het verlichten van keelpijn.

Voor 1-2 personen
1 kleine ananas
2 takjes koriander
75 g bruine basterdsuiker
½ l appelsap
water om te verdunnen, indien nodig

1. Schil de ananas en steek de houtige kern eruit.
2. Hak het vruchtvlees heel fijn.
3. Pluk de korianderblaadjes van de takjes en hak ze fijn.
4. Doe ananas en koriander in een kan en roer de suiker erdoor.
5. Zet de kan minstens twee uur in de koelkast.
6. Giet het appelsap erbij en verdun naar smaak ook nog met water tot de gewenste dikte.

gezondheidsaspecten

De kroonbladeren uit een **ananas** trekken om te weten of hij **rijp** is, is een van die oudewijvenpraatjes die niet kloppen. Ananas rijpt niet na als hij eenmaal is geplukt; ze in uw **fruitschaal zacht** laten worden betekent alleen maar dat ze gaan rotten. De rijpste vruchten hebben een hoog **sap-** en **suikerpercentage** en voelen voor hun grootte echt **zwaar** aan. Pak ze altijd even op voor u ze koopt en laat ze liggen als ze niet zwaar zijn. **Ananas** is een buitengewoon goede bron van het enzym **bromeline** dat bijzonder **heilzaam** en **herstellend** werkt. In combinatie met de **fytochemicaliën** uit de **koriander** en de oplosbare **vezels** in het troebele **appelsap** is dit echt een versterkende drank.

Verrukkelijke kiwi

De kiwi is een rijke bron van vitamine C en andere voedingsstoffen. Hoewel ijs op basis van melk of room wat vet bevat, is het ook goed voor de botten en werkt het verkoelend. Door de toevoeging van kiwi krijgt het een fijn groen waas, heeft het de consistentie van slagroom en een verfijnde smaak. Ook deze traktatie is geschikt voor volwassenen en kinderen en kan bij een picknick uitstekend in een thermosfles worden meegenomen.

Voor 1-2 personen

2 verse kiwi's

$1\frac{1}{4}$ dl halfvolle melk

1 flinke schep vanille-ijs, liefst biologisch

1 Schil de kiwi's en snijd ze in vieren.

2 Doe de ingrediënten in een blender of foodprocessor en pureer ze glad.

gezondheidsaspecten

Per 100 gram vruchtvlees levert **kiwi** anderhalf maal zoveel **vitamine C** als een sinaasappel en is hij een goede bron van **bètacaroteen** en andere **carotenoïden**. Ook is de kiwi buitengewoon rijk aan **kalium** dat belangrijk is voor een gezond **hart**, en bevat vet noch zout – wat nog beter is voor het hart en de **bloedsomloop**. Door **halfvolle melk** te gebruiken is het vetgehalte, ondanks het vanille-ijs, toch niet zo hoog.

Citroenthee met gember

Ik ben niet zo'n liefhebber van snelle oplossingen – vooral omdat dit meestal betekent dat de symptomen worden bedekt en de problemen onder het tapijt geveegd. Maar als u zich een beetje lusteloos, uitgeput en een graadje minder voelt, is hier een snelle hersteller die ik echt aanbeveel. Niets werkt zo goed als deze bijzonder eenvoudige maar heerlijke stimulerende drank. De frisse citrussmaak van de citroen is een ideale combinatie met de tropische hitte van de gember. Samen geven ze een directe oppepper: verhogen de energie en versnellen de bloedsomloop.

Voor 2-3 personen
2½ cm verse gemberwortel
6 dl kokend water
1 citroen

1. Schil en rasp de gemberwortel.
2. Overgiet hem met het kokende water.
3. Voeg het sap van een halve citroen toe en laat afkoelen.
4. Laat in de koelkast koud worden.
5. Snijd de overgebleven halve citroen in dunne schijfjes.
6. Zeef het sap en serveer het met de schijfjes citroen.

gezondheidsaspecten

Citroenen leveren veel meer dan alleen **vitamine C** omdat ze ook een rijke bron van **natuurlijke bioflavonoïden** zijn, die de wanden van de **bloedvaten** helpen **versterken** en **beschermen**. Voeg de etherische oliën uit de **gember** (**gingerol** en **zingiberine**) toe en u profiteert van een eeuwenlange oude wijsheid. Gember wordt al enkele duizenden jaren in de Chinese geneeskunst gebruikt en is een van de meest **effectieve stimulerende middelen** uit de oude kruidengeneeskunst. Anders dan cafeïne of alcohol heeft deze drank geen **bijverschijnselen**, zodat u zich binnen een uur niet nog slechter voelt.

Mascarpone met munt

Munt en mascarpone vormen een verrassende smaakcombinatie. Als u behoefte hebt aan iets versterkends zal dit zeker helpen, omdat het drankje kracht, energie en belangrijke voedingsstoffen levert en de munt een positieve werking op de spijsvertering heeft.

Voor 2 personen
2 flinke takken munt
250 g mascarpone
1½ dl halfvolle melk

1. Pluk de muntblaadjes van de takjes, laat twee toefjes heel.
2. Doe de muntblaadjes met de mascarpone en de melk in een blender en pureer ze glad.
3. Serveer de drank gegarneerd met een toefje munt.

gezondheidsaspecten

De etherische oliën uit **munt**, zoals **menthon** en **menthol** werken beschermend, stemmingsverbeterend en positief op de **spijsvertering**. **Munt** bevordert de afbraak en de opname van **voedingsstoffen** en voorkomt en verlicht indigestie, gasvorming en algemene darmklachten. De positieve werking van **melk** en **mascarpone** op de **spieren** en de **botten** zijn buitengewoon en dat maakt deze drank een krachten herstellende must voor eenieder met gebroken botten, hiatus hernia, problemen met reflux en maagzuur.

Eentje voor de dag na de avond tevoren

Zelf opgeroepen kwalen zoals een kater verdienen niet al te veel zorg, maar ik heb door de jaren heen zoveel lijden gezien dat ik dit recept toevoeg als een sympathieke daad voor degenen die de gevolgen van een avondje uit moeten dragen. Er is geen twijfel aan dat anderen u hebben verleid, dus dit is de volmaakte manier om u weer een gewone mens te voelen.

Voor 1-2 personen
2 zakjes kamillethee
ijsblokjes
1 1/4 dl appelsap
1 citroen
1/2 theel. rode-iepenschors (natuurwinkel)
1 banaan

1. Maak twee koppen thee met de theezakjes en doe de ijsblokjes erin om hem af te koelen.
2. Roer het appelsap erdoor.
3. Pers de citroen uit en verdeel het sap over beide koppen.
4. Roer de iepenschors erdoor.
5. Pel de banaan, snijd hem in dunne schijfjes en laat die op het sap drijven.

gezondheidsaspecten

Rode-**iepenschors** is een traditionele **kruidenremedie** bij **maagstoornissen** om wat voor reden ook, en er is niets ergers dan een maagprobleem door een **teveel** aan alcohol. De **heilzame** chemicaliën in **appelen** zijn bekend om hun **verzachtende effect** op de maag, en **kamillethee** helpt uitstekend bij **hoofdpijn, misselijkheid** en het algehele onbehagen bij een kater. Door de licht verteerbare **banaan** krijgt de drank nog wat vaste **voeding** die uw kwetsbare spijsvertering met gemak aan kan.

Pep je op

Alle rode, gele en oranje groenten bevatten chemische stoffen die het lichaam nodig heeft om beschadigde cellen te herstellen. Na elke ziekte of in tijden van extreme stress, overwerkt zijn, en moeilijke situaties, lijdt het lichaam. Deze hartige en heerlijke drank kan alles veranderen.

Voor 1-2 personen
1 kleine rode paprika
3 worteltjes
1 kleine, verse rauwe biet, liefst met blad
1 handje bladpeterselie, met steeltjes
1 handje waterkersblad

1 Was de paprika en verwijder de zaadjes.
2 Was de worteltjes (biologische hoeven niet te worden geschrapt) en ontdoe ze van top en staart.
3 Was de bietjes goed en pluk het blad van de dikke stelen.
4 Pers alle groenten en kruiden in een sapcentrifuge uit, maar houd wat waterkersblad achter.
5 Roer alles goed door elkaar en serveer gegarneerd met het waterkersblad.

gezondheidsaspecten

Peterselie is een **natuurlijke vochtdrijver** die het lichaam helpt zich van afvalstoffen te ontdoen. De rode kleur van de **biet** is afkomstig van een natuurlijk ingrediënt dat de **zuurstofdragende** kracht van het bloed verhoogt, terwijl de **paprika** en de **wortel** een goede bron van **herstellende carotenoïden** en **vitamine C** zijn. **Waterkers** is een van de meest krachtige natuurlijke **bestrijders van kanker** met een bijzonder effect op het longweefsel.

WARING

weersta

ndverhogende dranken

Hebt u zich ooit wel eens afgevraagd hoe het komt dat er tijdens een griepepidemie een aantal mensen is dat er niet aan bezwijkt? Dat komt omdat hun immuunsysteem op topniveau draait om hun lichaam tegen binnenvallende bacteriën en virussen te beschermen. De manier om uw eigen afweersysteem te versterken is ervoor te zorgen dat u alle essentiële voedingsstoffen die dit verbazingwekkende beschermende mechanisme nodig heeft om maximaal te kunnen functioneren, opneemt. Natuurlijk hebt u alle vitamines en mineralen nodig, maar ook de beschermende goede bacteriën, krachtige en immuniteitsversterkende fytochemicaliën, en het juiste evenwicht in essentiële vetzuren, eiwitten en koolhydraten. Hier zijn ze, in enkele simpele en heerlijke verkoelende dranken.

Help, ik ben een chocoholic!

We voelen ons allen gelukkiger na het eten van chocolade, en juist dat gevoel brengt uw immuunsysteem flink op gang. Maar er is nog meer; chocolade is een bron van weerstandverhogende fytochemicaliën. Bananen zijn het snelst werkende natuurlijke fast food, en geven het lichaam energie en essentiële voedingsstoffen die het om gezond te blijven nodig heeft. De voordelen van de goede bacteriën, een flinke dosis van de dagelijkse behoefte aan calcium en de stemmingsverbeterende stoffen in nootmuskaat zorgen ervoor dat u snel nog zo'n glas wilt.

Voor 2 personen
1 banaan
4 dl naturel yoghurt van levende bacterieculturen
1 volle eetl. biologische cacao
2 snufjes nootmuskaat

1. Pel de banaan en hak hem fijn.
2. Doe hem met de yoghurt en de cacao in een blender.
3. Pureer alles glad.
4. Serveer de drank bestrooid met een snufje nootmuskaat.

Tip
Deze heerlijke smoothie werkt even goed als u de banaan door zes grote aardbeien vervangt.

gezondheidsaspecten

Theobromine uit de **chocolade** en **myristicine** uit de **nootmuskaat** zijn twee **fytochemicaliën** die stemmingsverbeterend werken. **Nootmuskaat** helpt ook bij het **in slaap vallen** en stimuleert **de spijsvertering**, wat beide goed is voor het **immuunsysteem**. De goede bacteriën uit de **yoghurt** produceren bijproducten die direct door de darmwand worden opgenomen en een heel belangrijke rol bij het versterken van de **natuurlijke weerstand** spelen. **Kalium** uit de **banaan** en **calcium** uit de yoghurt zijn alleen maar een extraatje.

Groene thee met appelen

Als u geen regelmatige gebruiker van groene thee bent, zult u de smaak een heel stuk minder vinden dan die van uw normale theemix. De subtiele smaak combineert goed met het zoete van de appel en het fris-pittige van de citroen. Groene thee, die in het Verre Oosten zo populair is, wordt al duizenden jaren als weerstandverhogende drank gebruikt. Hier is uw kans om zowel smaak als heilzame werking van deze heerlijke oosterse drank te beproeven.

Voor 2 personen
2 zakjes groene thee
1 kleine handappel, liefst Cox orange pippin
een halve citroen
$^3/_4$ dl appelsap

1. Doe de theezakjes in twee grote vuurvaste glazen.
2. Vul ze tot de helft met kokend water en laat ze tien minuten trekken. Haal de zakjes eruit.
3. Laat de thee helemaal afkoelen.
4. Steek het klokhuis uit de appel en snijd de vrucht in flinterdunne schijfjes.
5. Pers de citroen uit.
6. Roer het citroen- en het appelsap door de thee.
7. Serveer hem gegarneerd met appelschijfjes.

gezondheidsaspecten

Hoewel bekend is dat allerlei soorten **thee weerstandverhogende** antioxidanten bevatten, hebben wetenschappers de **heilzame** eigenschappen van **groene thee** nu een aantal jaren bestudeerd. **Appelen** hebben de cholesterolverlagende pectine, een speciale **oplosbare voedingsvezel**; ook bevatten ze **appelzuur** dat goed is voor de **spijsvertering** en **kalium** om de **bloeddruk laag te houden**. Tel daar nog de **vitamine C** uit de **sappen** bij op en u hebt een heerlijke heilzame drank.

Dronken frambozen

Het is moeilijk te geloven dat zoiets lekkers zo gezond kan zijn. Maar geloof me: het is waar. Of het nu zomer of winter is, deze smoothie geeft uw immuunsysteem een enorme oppepper, en hij is even lekker en effectief van diepvriesvruchten. Als u diepvriesframbozen gebruikt, kunt u ze het beste iets laten ontdooien tot ze net zacht zijn. De vitamine C en andere beschermende voedingsstoffen uit de frambozen worden aangevuld door de gunstige bacteriën uit de yoghurt. De schitterende kleur van de zwartebessenlikeur zorgt ervoor dat hij er net zo aantrekkelijk uitziet als hij smaakt.

Voor 2 personen

75 g frambozen
3½ dl naturel yoghurt van levende bacterieculturen
2 eetl. zwartebessenlikeur

1 Doe deze ingrediënten in een blender of een foodprocessor en pureer ze glad.
2 Serveer de drank koud.

gezondheidsaspecten

Frambozen zijn een uitermate goede bron van weerstandverhogende **vitamine C** en hebben ook een hoge **ORAC-score**. Slechts 100 gram zorgt al voor 1220 van deze gunstige antioxidanten, bijna zoveel als gemiddeld dagelijks in de **voeding** wordt opgenomen. Deze verbazingwekkende score op **antioxidanten** is samen met de **probiotische** bacteriën uit de **yoghurt** verantwoordelijk voor de grote **weerstandverhogende** kracht van elk glas drank.

Mangobano smoothie

Zorg ervoor dat deze voor uw gezin favoriet wordt als ontbijtdrank en u kunt ze allemaal met een flinke shot aan natuurlijke weerstand naar school of het werk sturen. Deze smoothie is vooral aan te bevelen gedurende de herfst- en wintermaanden, als we allemaal aan de griep- en verkoudheidssymptomen van de mensen om ons heen worden blootgesteld. Het is een fantastische ondersteunende drank als het lang duurt voor u weer een maaltijd krijgt, en perfect als energieleverancier voor u gaat trainen en niet kunt eten maar toch wat extra energie en weerstand nodig hebt.

Voor 2 personen

1 grote mango
2 bananen
4 dl naturel yoghurt van levende bacterieculturen

1 Schil de mango, snijd het vruchtvlees van de pit en dan in blokjes.
2 Pel de bananen en snijd ze in plakjes.
3 Doe deze ingrediënten met de yoghurt in een blender en pureer ze glad.

gezondheidsaspecten

U krijgt heel wat weerstandopbouwende **bètacaroteen**, **flavonoïden**, kalium, antioxidanten, en **vitamine C** van de **mango**; royaal kalium, snel en langzaam vrijkomende energie en **vitamine B_6** van de **bananen**; en nog meer weerstandverhogende bacteriën uit de **yoghurt**. Het schoonmaken van de mango is de moeite zeker waard.

Vegetarische wekker

Het klinkt misschien wat vreemd om papaja met groentesap te vermengen, maar er is niets vreemds aan deze drank. Zo krijgt u alle voordelen voor uw immuunsysteem van een van de gezondste vruchten, de voedingsstoffen uit het gemengde groentesap, de scherpte van gember en de romige gladheid van goede yoghurt van levende culturen – dit alles en ook nog een verbeterde weerstand.

Voor 2 personen
2 papaja's
1½ dl groentesap
1½ dl appelsap
1 theel. gemberpoeder
½ dl naturel yoghurt van levende bacterieculturen

1 Schil en ontpit de papaja's.
2 Doe alle ingrediënten in een blender of foodprocessor en pureer ze glad.

gezondheidsaspecten

Net als de **carotenoïden** die u al verwacht van **fruit** met de kleur van **papaja's** is er speciaal profijt te verkrijgen van het eiwitsplitsende enzym **papaïne** dat zij ook bevatten. Dit verbetert de effectiviteit van de **spijsvertering** en helpt ervoor te zorgen dat de aangevoerde **voedingsstoffen maximaal** worden **benut**. Het **gemberpoeder** werkt verrassend goed **weerstandverhogend** omdat de **gingerolen** in deze bijzondere wortel uw hele systeem oppeppen.

Zoete piepers

U zult er nooit aan hebben gedacht zoete aardappelen uit te persen, maar dit is echt een van de beste weerstandverhogende en tegen kanker beschermende producten die er zijn. Door het zoete-aardappelsap te vermengen met dat van kiwi's en sinaasappel wordt het een heerlijke combinatie die beter smaakt dan het klinkt en als een krachtige beschermer tegen kortdurende infecties en langdurige ziekten kan worden beschouwd.

Voor 2 personen

1 grote zoete aardappel

3 kiwi's

3 dl versgeperst sinaasappelsap

1. Was de aardappel en de kiwi's.
2. Pers de aardappel en de kiwi's in een sapcentrifuge uit.
3. Voeg het sinaasappelsap toe en vermeng alles goed.

gezondheidsaspecten

Enorme hoeveelheden **vitamine C** uit de **kiwi's** en het **sinaasappelsap** worden aangevuld met bètacaroteen en een reeks andere **essentiële carotenoïden**, als ook kanker bestrijdende **fytochemicaliën** van de **zoete aardappel**. Het **sinaasappelsap** levert ook **bioflavonoïden**, een andere groep chemische stoffen, die een belangrijke rol bij de **bescherming** van de bloedvaten spelen. Deze drank is een allround beschermer die uw **natuurlijke afweer** tegen bacteriën en degeneratieve ziekten verhoogt.

Kruidige kokosdrank

Kokosmelk is overal verkrijgbaar zelfs in de supermarkt, dus er is geen excuus deze exotische, kruidige manier om uzelf tegen alle soorten infecties te beschermen niet te gebruiken. De duidelijke aroma's van kokos en kruidnagel doen aan tropische eilanden, blauwe zeeën en zonneschijn denken, en alleen de gedachte daaraan is al voldoende om u beter te voelen. Dit drankje is in enkele ogenblikken gemaakt, maar neem de tijd om ervan te genieten en de heilzame werking een kans te geven.

Voor 2-3 personen
3 dl kokosmelk
1½ dl volle melk
1 eetl. vloeibare honing
2 theel. kruidnagelpoeder, plus iets om te bestrooien

1 Doe de kokosmelk met de volle melk, de honing en het kruidnagelpoeder in een blender en vermeng alles.
2 Serveer de drank bestrooid met een snufje kruidnagelpoeder.

gezondheidsaspecten

De **kokosnoot** en de **volle melk** leveren royaal **calcium, magnesium, kalium, eiwitten** en bescheiden hoeveelheden **vitamine B** en **D**. De **kruidnagels** zorgen voor geurige **etherische oliën** die zowel **heilzaam** als **antibacterieel** werken. Zelfs de **honing** heeft beschermende eigenschappen, omdat hij sporen van door de bijen geproduceerde **natuurlijke antibiotica** bevat – reden dat honing nooit schimmelt.

Tango smoothie

Deze smaakt en ruikt heerlijk, en zelfs als er geen verse perziken zijn, kan hij met vruchten uit blik worden gemaakt als ze op sap of water zijn ingemaakt en niet op suikersiroop. De unieke smaak van de limoen contrasteert goed met de zoetere, zwaardere smaken van de andere vruchten, en als de yoghurt is toegevoegd krijgt de drank een heerlijk romige consistentie. Gebruik voor een dikkere smoothie de traditionele Griekse yoghurt of voeg een beetje mascarpone of crème fraîche toe.

Voor 2 personen

2 grote perziken
2 grote mango's
1 limoen
4½ dl naturel yoghurt van levende bacterieculturen

1. Ontpit de perziken.
2. Schil de mango's en snijd het vruchtvlees van de pit.
3. Pers beide vruchten in een sapcentrifuge uit.
4. Snijd twee of drie schijfjes van de limoen en pers de rest uit.
5. Roer het limoensap met het perziken- en mangosap door de yoghurt.
6. Serveer de drank met een schijfje limoen erop.

gezondheidsaspecten

De **perziken** en **mango's** leveren een flinke portie **bètacaroteen** en heel veel **carotenoïden**, die vooral **beschermend** op de huid en de slijmvliezen werken en de **weerstand verhogen**, terwijl de limoen voor een extra portie **vitamine C** zorgt. De **yoghurt** levert **weerstandverhogende** gezonde bacteriën die in de darm leven, waar ze ongewenste micro-organismen **vernietigen**.

Ontgiften in 24 uur

Hier is een simpel plan voor een detoxkuur in 24 uur. Maar eerst een waarschuwend woord; dit is niet geschikt voor diabetici, en als u aan een andere ernstige ziekte lijdt of regelmatig medicijnen moet innemen, dient u eerst uw dokter te raadplegen (hoewel deze kuur in wezen voor iedereen geschikt is). Gebruik hem af en toe als een snel, pittig reinigingsproces of – beter nog – maandelijks om de giftige stoffen in het lichaam tot een minimum te beperken.

U kunt deze vastenkuur het beste op een dag doen dat u niet werkt, en hij is veel effectiever als u de dag tevoren geen alcohol, koffie, rood vlees en melkproducten gebruikt. Doe hetzelfde op de dag na het ontgiften, en eet dan weer op de normale (hopelijk gezonde) manier.

Drink over de dag verdeeld minstens zes glazen water en zoveel mogelijk kruidenthee of lichte Chinese thee. Doe er geen melk, suiker of zoetstof in en drink geen koolzuurhoudend mineraalwater, dranken uit blik, vruchtensappen, alcohol en koffie.

Begin 's morgens met het maken van een grote pot peterseliethee. Giet $8\frac{1}{2}$ dl kokend water over een flinke handvol gehakte peterselie. Laat afgedekt minstens tien minuten staan, zeef, koel de thee en drink deze de hele dag door. Peterselie is licht vochtdrijvend waardoor een teveel aan vocht wordt afgevoerd en werkt positief bij het reinigingsproces. Zorg ervoor dat alles op is als u naar bed gaat.

Bij het opstaan

Een groot glas heet water met een dikke plak biologische citroen.

Ontbijt

Een groot glas heet water met een dikke plak biologische citroen.
Een glas papaja met gember (*zie* bladzijde 17).
Een kop kamillethee.

Elfuurtje

Nog een groot glas heet water met een dikke plak biologische citroen.

Lunch

Een groot glas verrassende tomatendrank (*zie* bladzijde 91).
Muntthee.

Vieruurtje

Een groot glas heet water met een dikke plak biologische citroen.

Diner

Een passie voor fruit (*zie* bladzijde 55).
Kamillethee.

's Avonds

Pep je op (*zie* bladzijde 106).

Bedtijd

Limoenbloesemthee.

Medicijnkastje van de natuur

Aandoening	Producten	Effect
Acne	Wortelen Tomaten Knoflook, uien	Rijk aan bètacaroteen, nodig voor een gezonde huid Beste bron van lycopeen, een huidvriendelijke voedingsstof Werken antibacterieel
Angsten	Basilicum, rozemarijn, kamille Melkproducten	Bevatten rustgevende etherische oliën Stimuleren de productie van stemmingsverbeterende hormonen
Artritis	Bleekselderij, aardbeien	Verbeteren uitscheiding van urinezuur
Astma	Knoflook, uien (sjalot) Waterkers	Gaan congestie (bloedophoping in een orgaan) tegen Rijk aan unieke de longen beschermende stoffen
Blaasontsteking	Knoflook Selderij, peterselie Cranberrysap Gerstewater met citroen	Antibacterieel en schimmelwerend Milde, reinigende vochtdrijvers Beschermt tegen de bacterie die de ontsteking veroorzaakt Traditionele volksremedie
Bloedarmoede	Alle citrusvruchten Waterkers, vijgen	Bevatten vitamine C, die ijzeropname verhoogt Bevatten ijzer
Bronchitis	Knoflook, uien Koriander, tijm	Sterke antibacteriële werking en voorkomen congestie Zijn slijmoplossend en decongestief
Cholesterol	Knoflook, pinda's, pindakaas Citrusvruchten	Helpen het lichaam cholesterol af te voeren Bevatten bioflavonoïden die bloedvaten versterken en beschermen
Chronische vermoeidheid	Basilicum, salie, nootmuskaat Banaan, abrikoos Pinda's, pindakaas	Zijn stemmingsverhogend Voor kalium, vitamine B_6 en energie Voor langzaam vrijkomende energie
Griep	Gember Honing Citroen en limoen	Versnelt uitscheiding van giftige stoffen Verzacht de keel en het hoesten Zijn bijzonder rijk aan vitamine C
Hart- en Vaatziekten	Bosbessen, passiefruit, granaatappel, rode biet, blauwe druiven Avocado	Zijn buitengewoon rijk aan beschermende antioxidanten Bevat het bloedvat-beschermende vitamine E
Kneuzingen	Ananas	Bevat bromeline, een enzym dat bloedklonters oplost
Laryngitis	Salie, rozemarijn	Bevatten etherische oliën om bacteriën die keelontsteking veroorzaken te lijf te gaan
Maagzuur	Munt, dille, venkel Yoghurt van levende culturen Wortelen	Bevatten natuurlijke etherische oliën Leveren probiotische bacteriën, die de spijsvertering stimuleren Natuurlijk geneeskrachtig product voor spijsverteringsklachten

Aandoening	Producten	Effect
Menstruatieklachten	Salie Selderij, peterselie Kersen, bananen Sojamelk	Helpt de hormoonspiegel reguleren Zijn vochtdrijvend en verminderen vocht vasthouden Zijn rijk aan kalium Bevat fyto-oestrogenen
Mondzweertjes	Knoflook Yoghurt Basilicum, rozemarijn	Bevordert het genezingsproces Bevat heilzame bacteriën die de zweertjes helpen voorkomen Verminderen stress; belangrijk omdat de zweertjes vaak het gevolg zijn van stress
Raynoud, ziekte van	Basilicum, gember, knoflook, koriander	Stimuleren de bloedsomloop
Rusteloze benen	Waterkers, vijgen Bananen Papaja	Bevatten ijzer tegen bloedarmoede, een belangrijke oorzaak van de kwaal Voor kalium om kramp te voorkomen Voor enzymen en bètacaroteen voor gezonde bloedvaten
Sinusitis	Uien, knoflook Koriander, gember, kruidnagel,	De uienfamilie werkt sterk antibacterieel en decongestief Zijn slijmdrijvend en decongestief
Slapeloosheid	Kropsla Basilicum Melk, yoghurt, kwark	Bevat natuurlijke slaapstimulerende stoffen Bevat kalmerende etherische oliën Leveren slaapopwekkend tryptofaan
Spataderen	Gember Avocado Donkere kersen, bosbessen. passiefruit, granaatappel	Stimuleert en verbetert de bloedsomloop Levert bloedvatbeschermende vitamine E Bevatten beschermende antioxidanten en bioflavonoïden
Verhoogde bloeddruk	Knoflook Peterselie, selderij Avocado	Fytochemicaliën werken heilzaam op de bloedvaten Verminderen vochtophoping Bevat het bloedvatbeschermende vitamine E
Vocht vasthouden	Peterselie Selderij	Een van de meest effectieve vochtdrijvers. Gebruik royaal Licht vochtdrijvend
Winderigheid	Venkel, munt, koriander	Bevatten alle vluchtige etherische oliën die de spijsvertering verbeteren en gasvorming tegengaan
Winterdepressie	Basilicum, rozemarijn Nootmuskaat Melk, yoghurt, bananen	Bevatten stemmingsverbeterende etherische oliën Bevat myristicine, dat een goed gevoel geeft Verhogen het niveau van stemmingsverbeterend tryptofaan

Register